Michael Laitman

# KABBALAS HEMMELIGHETER

## Din håndbok til et bedre liv

Oversatt av

Elisabet Arefjord

ISBN: 9798672906034

# INNHOLDSFORTEGNELSE

# BIOGRAFI

## RAV MICHAEL LAITMAN, PHD

Rav Michael Laitman er en anerkjent, internasjonal ekspert på autentisk kabbala. Hans bakgrunn er uvanlig for en som også innehar et kjent navn innen det spirituelle miljøet: Han er utdannet innen vitenskap, har en mastergrad i biokybernetikk og hans vitenskapelige karriere har vært suksessrik. Etter hvert ble kabbala en del av hans videre vitenskapelige forskningsarbeid, og han fullførte sin doktorgrad i filosofi og kabbala ved Moskvas institutt for filosofi ved Det russiske vitenskapsakademiet.

I 1976 begynte han å studere kabbala, og siden den gang har denne læren utgjort hovedfokuset i hans forskningsarbeid. Da han i 1979 lette etter nye veier innen kabbala, møtte han kabbalisten Rabbi Baruch Shalom HaLevi Ashlag (1906-1991). Han var etterfølger og eldste sønn av kabbalisten Rabbi Yehuda Leib HaLevi Ashlag (1884-1954), mer kjent som Baal HaSulam på grunn av sitt verk *Sulam* (Stigen), som er en kommentar til boken *Zohar*. Michael Laitman ble så imponert over Baal HaSulams sønn, at han ble Baruch Ashlags mest trofaste disippel og hans personlige assistent. Han tilbrakte mesteparten av tiden sin sammen med sin anerkjente lærer, og slukte begjærlig så mye lærdom som han bare klarte fra Ashlags undervisning.

I dag blir han sett på som den viktigste fagspesialisten innen kabbala, da han har skrevet over tretti bøker om emnet, som igjen er oversatt til ti forskjellige språk. Hans daglige leksjoner forelesninger blir sendt direkte via kabel-TV og internett til hele verden. De siste årene er han blitt en etterspurt foreleser i akademiske kretser i USA og Europa.

Dr. Laitman er grunnlegger av Bnei Baruch kabbala undervisnings-og forskningsinstitutt, og leder i dag organisasjonen. De har den største og mest innholdsrike internettsiden som finnes om kabbala, www.kabbalah.info. Nettsiden gir ubegrenset tilgang til kabbalistiske tekster og medier på over tyve språk, og har 1,4 millioner treff pr måned. Siden år 2000 har *Encyclopædia Britannica* anerkjent www.kabbalah.info som en av de største internettsidene både når det gjelder antall treff og mengden av studie- og informasjonsmateriale om læren kabbala.

## PROFESSOR ERVIN LÁSZLÓ

Professor Ervin László, som var så vennlig å skrive forordet en flott introduksjon til denne boken, er grunnleggeren av systemfilosofi og generell evolusjonsteori, og en av de fremste ekspertene innen disse fagfeltene. Han er født i Budapest i Ungarn i 1932, og debuterte som konsertpianist som femtenåring i New York. Denne begivenheten ble rapportert i *Life*, *Time*, *Newsweek* og andre internasjonale medier.

Professor László vendte oppmerksomheten mot vitenskap og filosofi da han var i midten av 20-årene, og begynte å publisere bøker og artikler i 1963. I 1970 mottok han doctorate d'État, den høyeste graden ved Sorbonne-universitetet i Paris. De påfølgende årene ble han tildelt æresdoktorgrader i USA, Canada, Finland, Russland og Ungarn.

Som anerkjennelse for sitt engasjement for global forståelse og utvikling, ble han tildelt 2001 Goi Award, den japanske fredsprisen. Han har skrevet 72 bøker som er oversatt til hele atten språk.

# INTRODUKSJON

Jeg setter stor pris på å bli spurt om å skrive introduksjonen til Dr. Laitmans bok *Kabbalas hemmeligheter – Din håndbok til et bedre liv*, og føler meg beæret over oppdraget. Forfatteren er ikke bare en nær venn av meg, men etter mitt syn er han også den fremste nålevende kabbalisten som lever i dag. Han er en naturlig representant for en lære som er blitt holdt skjult i to tusen år. Nå som læren om kabbala, i likhet med mange andre gamle filosofier vekker oppmerksomhet over hele verden, tror jeg han er den beste til å utdype dens essens.

I dagens verden er utviklingen av kabbala som et autentisk virkemiddel for veiledning av unik betydning. Den kan hjelpe oss å oppnå en ny bevissthet rundt læren som våre forfedre innehadde, men som vi helt har glemt.

Gamle filosofier dukker opp igjen i dag nettopp fordi vår vanlige mekaniske tankeskole ikke har lykkes med å gi oss et harmonisk og bærekraftig samfunn. Et kinesisk ordtak advarer mot dette: «Om vi ikke endrer retning, risikerer vi å ende opp dit vi har satt kursen». Dersom dette blir overført til dagens menneskehet, kan følgene bli katastrofale:

Klimaendringer truer med å gjøre store områder av planeten vår om til ubeboelig, livløs jord, der det vil bli umulig for mennesker å bo eller drive matproduksjon. I tillegg har de fleste av verdens økonomier blitt mindre selvstyrte. Dette henger sammen med en verdensomfattende reduksjon av matreserver, og det faktum at mer enn halvparten av jordens befolkning får mindre og mindre tilgang til ferskvann. I gjennomsnitt dør mer enn 6 000 barn hver dag som følge av diaré forårsaket av forurenset vann.

I mange deler av verden har vold og terrorisme blitt et foretrukket middel for å løse konflikter. Dette medfører derfor en forsterkende usikkerhet i både rike og fattige land. Islamsk fundamentalisme sprer seg i den muslimske delen av verden, nynazister og andre grupperinger vokser i Europa og religiøs fanatisme dukker opp over hele verden.

Menneskehetens overlevelse på denne planeten vår står derfor på spill.

Globalt sammenbrudd er heldigvis ikke nødvendig. Vi kan snu bølgen, og det følgende scenariet kan også være et reelt alternativ:

Som den siste delen av denne boken vil vise, kan vi dra lasset sammen og jobbe mot felles mål om fred og overlevelse. Bedriftsledere kan vedkjenne seg den grunnleggende endringen som er i gang, og respondere med varer og tjenester som møter endringen i etterspørselen.

Globale nyhets- og underholdningsmedier kunne tatt for seg nye, friske perspektiver, og bidratt til sosiale og kulturelle nyskapninger. Et nytt syn på selvet og naturen vil dukke opp på internett, på fjernsyn og i kommunikasjonsnettverk innad i bedrifter og ulike samfunn.

I samfunn der mennesker lever sammen, vil en kultur med alternative levemåter og ansvarlige verdier støtte atferd som sikrer sosial og økologisk overlevelsesevne. Det vil bli satt i verk tiltak for å beskytte miljøet, og det vil skapes effektive systemer for distribusjon av mat og ressurser, utvikling og bruk av levedyktig fornybar energi, transport og landbruksteknologi.

Med denne positive vinklingen vil investeringer omdirigeres fra militær- og forsvarsetablissementer til å tjene menneskehetens behov. På grunn av denne utviklingen vil nasjonal, internasjonal og inter-kulturell mistillit, undertrykkelse, økonomiske ulikheter, kjønnsdis-kriminering og konflikter på grunn av etnisk tilknytning eller rase forsvinne og gi mulighet for gjensidig tillit og respekt. Mennesker og samfunn vil gå sammen og skape et produktivt samarbeid.

Heller enn å *bryte sammen* på grunn av konflikter og kriger, kan menneskeheten *bryte grenser* – ikke bare for å skape en leve-dyktig verden med selvforsynte og samarbeidende samfunn, men også for å oppnå en lykkelig framtid der alle finner fred, ro og fullkommen tilfredshet.

En fredelig og livskraftig verden er mulig for oss alle, men dessverre er det ikke i den retningen vi utvikler oss i dag. Einstein sa: «De alvorlige problemene vi står ovenfor kan ikke bli løst med det samme tankesettet som skapte dem». Det er nettopp dette vi forsøker å gjøre. Vi prøver å overvinne terrorisme, fat-tigdom, kriminalitet, miljømessig forfall, sykdommer og andre «sivilisasjonsbesvær» med de samme metodene som skapte dem til å begynne med. Vi prøver oss på teknologiske løsninger og midlertidige hjelpetiltak, men vi har frem til nå verken hatt vilje eller evne til å skape en varig og fundamental endring.

## GLOBAL BEVISSTHET

I lys av dagens kriser har menneskeheten begynt å søke nye veier og måter å tenke på. Slike tankesett kan være de gamle, men likevel relevante, opprinnelige filosofiene. For dem er ikke en global bevisst-het bare et underordnet begrep, men selve essensen. Når vi studerer disse metodene, forstår vi at den nye globale bevisstheten faktisk er en gammel, tidløs bevissthet, og at den nå blir oppdaget på nytt.

Det var virkelig på høy tid at den globale bevisstheten ble gjenoppdaget. Vi pleide å tenke at den typiske, «normale» menneskelige bevisstheten er det vi fanger opp via våre fem sanser og vi så på alt annet som fantasi. Den vanlige oppfattelsen var at vi endte opp på samme sted som kroppen vår. Andre syn ble sett på som «new age», «mystiske» eller «esoteriske». Ideer om at vi alle hører sammen som én enhet, og at det finnes en forbindelse oss imellom der vi alle er deler av en større helhet, har blitt sett på som unntakene i sivilisasjonshistorien.

Om vi tar for oss idéhistorien, ser vi at sannheten er helt motsatt. Den reduksjonistiske, mekaniske og fragmenterte tenkingen som har utviklet seg i Vesten i løpet av de siste 300 årene er ikke normen, men unntaket, og andre kulturer deler ikke dette synet. Selv Vesten var ikke tilhenger av dette tankesettet før det mekaniske verdenssynet dukket opp, en nedarvet tolkning (eller heller en mistolkning) av Newtons naturfilosofi.

I andre kulturer, så vel som i Vesten før den moderne tidsepoken, finner vi en gjeldende tankegang som fremhevet tilhørighet og enhet. De fleste tradisjonelle kulturer mener at mennesker har mye mer felles enn sammentreff av en og annen midlertidig interesse.

Den klassiske kjernen i alle gamle læretradisjoner er begreper om «global bevissthet». Denne terminologien definerer bevisstheten i vår delte skjebne som mennesker, og som innbyggere på denne planeten. Om vi vil holde vår eksistens ved like, og sikre våre barn og barnebarn en sikker og levedyktig framtid, *må* vi skape en global bevissthet.

For å utvikle oss, må vi skape et tankesett som gjør oss i stand til å forme én samlet, menneskelig familie: en global sivilisasjon. Denne sivilisasjonen må ikke være en ensrettet kultur der alle følger de samme ideene som alle andre, eller der en person eller nasjon dikterer disse ideene til massene. Det må heller være en mangfoldig sivilisasjon, der de ulike elementene samles for å vedlikeholde og utvikle hele systemet, menneskehetens globale sivilisasjon.

Mangfold er grunnlaget for fred og harmoni. Alle samfunn som har overlevd har bestått av disse elementene. Kun Vesten og vestlige samfunn har glemt dette. I prosessen med å skape teknisk og økonomisk framgang, har de vi delt opp integriteten og helheten i systemet, og det er på høy tid vi bygger den opp igjen.

Gjennom min kjennskap til dr. Laitmans verker, har jeg lært at kabbala i sin autentiske form ikke bare er noe som fremmer ideen om enhet og integritet mellom menneskeheten og universet. Den tilbyr også praktiske metoder for å finne tilbake til den når den er tapt.

Jeg anbefaler deg på det varmeste å lese sakte gjennom denne boken, siden den gir deg mye mer enn en generell kunnskap om en gammel lære. Den gir deg også nøkkelen til å sikre menneskehetens velstand i disse kritiske tider, siden vi står ovenfor utfordringer som vi aldri før har opplevd. Vi blir nå presset til å velge mellom den *nedbrytende* veien som vil føre til et verdensomspennende sammenbrudd, eller den *utviklende* veien som vil skape en verden av fred, harmoni, velvære og overlevelse.

**Ervin László**

Kapittel 1

# KABBALA FØR OG NÅ

## DEN UNIVERSELLE PLANEN

Det kommer nok ikke som noen overraskelse om vi forteller at kabbala ikke har sitt opphav i dagens moderne Hollywood-påfunn, siden kabbala faktisk har eksistert i tusenvis av år. Da læren oppstod, hadde menneskene et mye mer fortrolig forhold til sine medfødte egenskaper enn de har i dag. De følte seg mer knyttet til naturen, og de tok vare på nærheten til den.

På den tiden fantes det ingen grunn til å distansere seg fra naturen. Menneskene var ikke spesielt selvopptatte, og de følte seg ikke så fremmedgjorte fra sitt naturlige miljø som vi gjør i dag. Den gang var menneskeheten virkelig en integrert del av naturen, og partene pleiet det nære forholdet dem i mellom.

Tidligere kunne ikke menneskene skjerme seg fra naturelementene, og menneskeheten hadde heller ikke nok kunnskap om naturen til at de kunne føle seg trygge. De hadde ingen mulighet til å unnslippe naturens prøvelser, mens vi i dag kan beskytte oss i vår «kunstige» verden. I stedet fryktet de kreftene som fantes der, noe som gjorde at man forholdt seg til naturen som en overlegen kraft.

På denne måten opplevde menneskene et tosidig forhold til naturen: de følte en nærhet til den, samtidig som de fryktet den.

Derfor ønsket de ikke bare å få kunnskap om den verden de levde i, men de ønsket også å finne ut hva eller hvem som styrte den. Dette drev mange på leting etter hvilken plan naturen hadde for oss alle.

Disse menneskene var pionerer når det gjaldt å forske på naturen. De ønsket å finne ut om den faktisk hadde et formål, og i så fall hva som var menneskehetens rolle i en slik universell plan. Menneskene som oppnådde nivået som ga dem en forståelse av hva denne planen bestod i, kaller vi *kabbalister*.

Blant disse pionerene var Abraham unik. Da han oppdaget naturens universelle plan, nøyde han seg ikke bare med å undersøke den inngående. Først og fremst underviste han andre om det han hadde oppdaget. Han innså at hvis menneskene skulle slippe lidelse og frykt, måtte de fullt og helt forstå hva som var naturens plan. Derfor gjorde han alt som stod i hans makt for å undervise alle som hadde et ønske om å lære. Abraham ble den første kabbalisten i en lang rekke med mektige kabbalalærere. De best kvalifiserte studentene ble neste generasjons lærere, og de ga kunnskapen videre til sine studenter igjen.

Kabbalistene kaller opphavet til den universelle planen for *skaperen*, og selve planen kaller de *skapelsestanken*. Det er viktig å notere seg at når kabbalistene snakker om naturen og naturlovene, mener de med andre ord skaperen. Dette gjelder også motsatt vei slik at når de snakker om skaperen, mener de naturen og naturlovene. Disse betegnelsene er synonyme.

*Benevnelsen kabbalist kommer av det*
*hebraiske ordet kabbalah (ta imot).*
*Kabbalas originalspråk er hebraisk, et*

> *språk utviklet av og for kabbalister, slik at de kunne kommunisere med hverandre om spirituelle anliggender. Det har blitt skrevet mange kabbalistiske bøker på andre språk også, men de grunnleggende begrepene står alltid på hebraisk.*

For en kabbalist innebærer ikke betegnelsen *skaper* noe overnaturlig eller et bestemt vesen. Den representerer det neste nivået mennesket bør oppnå når man søker høyere kunnskap. *Boreh* er det hebraiske ordet for skaper, og er satt sammen av to ord: *Bo* (kom) og *Re'eh* (se). Ordet *skaper* er altså en personlig innbydelse til å komme og få oppleve den åndelige verden.

## VITENSKAPENS VUGGE

Kunnskapen som de første kabbalistene tilegnet seg, tillot dem ikke bare å oppnå forståelse for hva som foregikk i kulissene. De ble også i stand til å forklare de naturlige fenomenene som vi alle støter på. Det falt seg derfor naturlig at de fungerte som lærere, og at kunnskapen de delte med andre ble grunnlaget for både oldtidens og vår moderne tids vitenskap.

Når vi hører ordet kabbalist, tenker vi kanskje på noen som lever svært tilbaketrukket og gjemmer seg i dunkle kjellere, kun opplyst av stearinlys, mens de skriver magiske, hellige skrifter. Kabbala ble riktignok holdt skjult helt frem til slutten av 1900-tallet, og denne hemmeligholdelsen ga grobunn for et utall vandrehistorier og misforståelser om hva kabbala egentlig er. Selv om de fleste av disse historiene ikke har rot i virkeligheten, skaper de likevel forvirring, til og med blant de største tenkerne.

*Gottfried Leibnitz var en anerkjent
matematiker og filosof. Han snak-
ket åpenhjertig om hva han tenkte
om denne hemmeligholdelsen, og
om hvordan han mente at den hadde
påvirket kabbala: «Fordi mennesket
ikke hadde den riktige koden til å forstå
denne hemmeligheten, ble tørsten etter
kunnskap til slutt redusert til all verdens
galskap og overtro. Det førte til at det
oppstod en slags «vulgær kabbala» som
hadde veldig lite til felles med autentisk
kabbala. Det oppstod fantasibeskri-
velser om at kabbala var magi, og det
er disse beskrivelsene som står å lese i
bøkene.»*

Kabbala har likevel ikke vært en hemmelig lære hele tiden. De første kabbalistene var veldig åpne om hva de visste, og i tillegg var de svært samfunnsengasjerte. Ofte var nasjonens ledere kabbalister, og av disse lederne er nok kong David det mest kjente eksemplet på en fremragende kabbalist som også var en dyktig leder.

At kabbalistene engasjerte seg i samfunnet de levde i, bidro til at datidens lærde kunne legge grunnlaget for det vi i dag kjenner som den *vestlige filosofien*, som senere dannet basis for den moderne vitenskapen igjen. I den forbindelse skal vi se på hva Johannes Reuchlin skriver i boken *De Arte Cabbalistica*. Johannes Reuchlin var humanist, akademiker og klassisk lærd innen oldtidens språk og tradisjoner. I boken skriver han: «Pythagoras, filosofiens far, var min lærer. Han hentet sin kunnskap fra kabbalistene... Ordet *kabbala* var helt ukjent for andre på hans tid, og Pythagoras var den som først oversatte ordet *kabbala* med det greske ordet *filosofi*... Kabbala øker og utvikler bevisstheten vår, og gir oss kunnskap gjennom tilgang til lærens høyeste nivå.»

## ANDRE RETNINGER

Filosofene var likevel ikke kabbalister. Siden de ikke studerte kabbala, kunne de heller ikke forstå dybden i den kabbalistiske lærdommen fullt ut. Derfor ble denne kunnskapen som må behandles og videreutvikles etter en meget bestemt metode, i stedet behandlet og videreutviklet på en helt feil måte. Da den kabbalistiske læren i tillegg ble spredt til andre deler av verden hvor det på den tiden ikke fantes kabbalister, ble den ytterligere forandret.

Dette er altså årsaken til at menneskeheten tok fatt på det som skulle vise seg å være en skikkelig avstikker. Selv om deler av den kabbalistiske læren ble integrert i den vestlige filosofien, endte det likevel med at filosofien gikk i en helt annen retning. Den vestlige filosofien ga oss vitenskapene om den materielle verden som vi opplever gjennom våre fem sanser. Kabbala er derimot en lære som tar for seg det som skjer *utenfor* det de fem sansene våre oppfatter. Da man begynte å kun vektlegge den fysiske verden, ble det til at menneskehetens utvikling gikk i motsatt retning av det den opprinnelige kabbalistiske kunnskapen bestod av. Denne avstikkeren kom til å få store konsekvenser. Det skal vi se nærmere på i det neste kapittelet.

# DE STORE SPØRSMÅLENE

For omtrent to tusen år siden gikk kabbala fra å være en åpen lære for alle, til ikke lenger å være tilgjengelig for massene. Årsaken er enkel: Det fantes ingen etterspørsel. Siden har menneskeheten vært travelt opptatt med å utvikle de monoteistiske religionene, tett fulgt av vitenskapen. Begge retningene har som mål å besvare de mest grunnleggende spørsmålene menneskene har: «Hva er oppgaven vår i denne verden, og i dette universet?» «Hva er meningen med livet?» Med andre ord: «Hvorfor ble vi egentlig født?»

I våre dager føler mange mennesker, mer enn noen gang før, at det som har tilfredsstilt våre behov gjennom to tusen år ikke lenger er tilstrekkelig.

Svarene som religion og vitenskap tilbyr er ikke lenger nok. Menneskene begynner å lete andre steder etter svar på de mest grunnleggende spørsmålene om livet. De vender seg til Østens religioner og spåmenn, til magien og mystisismen, og noen kommer også til kabbala.

Kabbala ble gitt en språklig form nettopp for å kunne gi svar på disse fundamentale spørsmålene, og svarene denne lærdommen gir er direkte relatert til dem. Når vi gjenoppdager disse eldgamle svarene om hva som er meningen med livet, reparerer vi formelig det bruddet som oppstod mellom menneskeheten og naturen da vi snudde ryggen til kabbala og vendte oss mot filosofien.

# KABBALA TRER FREM

Kabbala «debuterte» i Mesopotamia for om lag fem tusen år siden. Oldtidens Mesopotamia var et land som lå i området mellom elvene Eufrat og Tigris i det nåværende Irak. Mesopotamia er ikke bare fødestedet til kabbala, men også mystisismen og alle lærene fra oldtiden har sitt utspring her. På den tiden var det vanlig at man fulgte forskjellige læreretninger, og ofte flere samtidig. Astrologi, spådomskunst, numerologi, magi, hekseri, trylleformler og det onde øyet – alle disse lærene og flere til ble utviklet og fikk blomstre i Mesopotamia, oldtidens kulturelle senter.

Så lenge menneskene var tilfreds med det de trodde på, hadde de ikke behov for endringer. Menneskene søkte informasjon om trygghet og om hvordan de kunne nyte livet, og de stilte ikke spørsmål om livets opprinnelse eller om hvem eller hva som hadde skapt livets lover.

Det kan kanskje synes som ubetydelig å skille mellom disse formene å leve på. Forskjellen mellom det å spørre om livet og det å spørre om lovene som former livet, er likevel som forskjellen mellom det å lære seg å kjøre bil og det å lære hvordan man lager en bil. Det dreier seg om to helt forskjellige kunnskapsnivåer.

## FORANDRINGENS DRIVKRAFT

Behovene våre dukker ikke opp helt ut av det blå. De dannes ubevisst inni oss, og kommer bare til overflaten når de blir definerbare, som for eksempel: «Nå vil jeg ha pizza». Før dette merker man dem ikke, eller det hender at de kommer til uttrykk som en generell rastløshet. Vi har vel alle kjent følelsen av å ha lyst på noe, uten å helt vite hva det er vi vil ha. Da er dette et uttrykk for et behov som ennå ikke er blitt modent.

Platon sa en gang: «Nøden er alle oppfinnelsers mor», og han hadde helt rett. Kabbala sier at man først er i stand til å lære noe når man har et ønske om det. Oppskriften er veldig enkel: Når vi ønsker oss noe, gjør vi hva som helst for å oppnå det. Da setter vi av tid, vi får energi som vi ikke visste vi hadde og vi utvikler de egenskapene som trengs for å få til det vi vil. Det viser seg at behov er drivkraften bak all forandring.

Hele menneskehetens historie er definert og formet av utviklingsforløpet til behovene våre. Etter hvert drev de menneskeheten til et behov for å undersøke miljøet og omgivelsene rundt oss, slik at ønskene våre kunne gå i oppfyllelse. I motsetning til mineraler, planter og dyr, utvikler menneskene seg hele tiden. For hver generasjon og i hvert enkelt menneske vokser behovene seg sterkere og sterkere.

## Å TA KONTROLLEN

Selve drivkraften bak forandring, behovene, består av fem nivåer som går fra null til fire. Kabbalistene kaller denne drivkraften *et ønske om å ta imot nytelse*, eller bare *ønsket om å ta imot*. Da kabbala for første gang så dagens lys for rundt fem tusen år siden, lå ønsket om å ta imot på det laveste nivået. Du har kanskje allerede gjettet deg til at vi i dag befinner oss på det fjerde nivået, som er det mest intense av dem alle.

Før, da ønsket om å ta imot lå på nivå null, var ikke behovene sterke nok til at vi ønsket å distansere oss fra naturen og fra hverandre. Det å være ett med naturen var den naturlige måten å leve på den gang, noe mange i dag betaler store summer for å lære på nytt via meditasjon og forskjellige måter for å oppnå mental balanse. (og vi må vel erkjenne at det ikke alltid er like vellykket). Tidligere kjente de ikke til noe annet, og de visste ikke engang at det gikk an å leve atskilt fra naturen. Dette var heller ikke noe de hadde et ønske om.

Menneskehetens kommunikasjon med naturen og hverandre gled faktisk så naturlig at ikke engang ord var nødvendig. I stedet kommuniserte menneskene via tanker, omtrent som ved telepati. Dette var en tid hvor enhet var naturlig, og hele menneskeheten var som én nasjon.

Mens menneskene fremdeles levde sammen i Mesopotamia, var det noe som endret seg: Behovene til folk begynte å utvikle seg, og de ble mer egoistiske. Nå ville man prøve å forandre naturen slik at man kunne utnytte den til sin egen fordel. I stedet for selv å tilpasse seg den, ønsket menneskene å endre naturen slik at den heller kunne tilpasse seg *deres* behov. De distanserte seg fra naturen, og ble fremmedgjorte og atskilte både fra naturen og hverandre. Nå, hundrevis av år senere, er vi i ferd med å oppdage at dette slett ikke var en god idé. Det er simpelthen ikke slik systemet fungerer.

Da menneskene begynte å leve som en motpart til miljøet og samfunnet rundt seg, forholdt de seg ikke lenger til hverandre som om de var i samme familie, og de så heller ikke på naturen som sitt eget hjem. Kjærlighet ble erstattet med hat, menneskene vokste fra hverandre og de skapte avstand seg imellom.

Som følge av dette, løste den tidligere så samlede oldtidsnasjonen seg opp. Først ble den delt i to grupper. Den ene drev mot øst, og den andre mot vest. Disse to gruppene ble igjen splittet og delt i flere mindre enheter, og resultatet ser vi gjennom mengden av nasjoner som verden består av i dag.

Et av de tydeligste tegnene på denne oppdelingen som Bibelen skildrer som *Babylons fall*, var at mange forskjellige språk ble til. Disse ulike språkene gjorde også menneskene mer distanserte til hverandre, og skapte forvirring og vanskeligheter. Det hebraiske ordet for forvirring er *Bilbul*, og som et vitnesbyrd om denne forvirringen fikk hovedstaden i Mesopotamia navnet Babel (Babylon).[1]

> *Da alt dette Bilbul-et foregikk, bodde Abraham i Babylon. Der hjalp han faren sin med å lage og selge små gudebilder i familiens butikk. Abraham levde derfor midt i dette pulserende sammensuriet av tanker og meninger som vokste og utviklet seg i Babylon, oldtidens svar på New York. Denne forvirringen forklarer også hvorfor Abraham ikke fant ro før han fikk svar på spørsmålet om hvem som styrer denne verden, og dette gjorde til slutt at han oppdaget naturens lov. Da han forsto at det var en hensikt med all forvirringen og fremmedgjøringen, var han ikke sen med å fortelle det til alle som var villig til å lytte.*

Helt siden denne oppdelingen fant sted, da behovene våre gikk fra det laveste til det første nivået, har vi opponert mot naturen. I stedet for å korrigere den stadig økende egoismen slik at vi kan være ett med naturen, har vi bygget opp et mekanisk

---

[1]Det norske substantivet *babbel* og verbet *å bable* har begge samme opphav, nemlig fra den *babylonske forvirringen*. Man finner lignende konstruksjoner i mange språk.

og teknologisk skjold slik at vi heller kan beskytte oss mot den. Vi utviklet vitenskap og teknologi fordi vi ville sikre oss mot naturelementene. Enten vi er klar over det eller ikke, så viser det seg imidlertid at vi faktisk prøver å ta kontroll over skaperen slik at vi selv kan ta plass i førersetet.

## Å LETE, MEN IKKE FINNE

Egoismen i menneskene har utviklet seg kontinuerlig, og for hvert utviklingsnivå har vi drevet lenger og lenger bort fra naturen. I kabbala måler man ikke avstand i centimeter eller meter, men i *egenskaper*. Skaperens egenskaper er helhet, samhold og det å gi, og vi vil kun kjenne nærhet til han dersom vi innehar de samme egenskapene. Jeg kan ikke føle samhold med noe som er så helhetlig og altruistisk som skaperen om jeg bare er opptatt av mitt eget ve og vel. Det ville være som å prøve å få øye på et annet menneske når vi står med ryggen til hverandre.

Så lenge vi står med ryggen til skaperen og i tillegg har et ønske om å kontrollere ham, er det åpenbart at forsøkene våre kun vil føre til frustrasjon. Det er ikke mulig å kontrollere noe vi verken kan se eller føle. Vi kan aldri få dekket dette behovet, med mindre vi tar en U-sving for å se hva som befinner seg bak oss, og dermed oppdager han.

Mange mennesker begynner å se seg lei på teknologiens brutte løfter om rikdom og helse, og ikke minst: de brutte løftene om en trygg fremtid. Altfor få mennesker har oppnådd disse godene i dag, og selv om de har det, kan de slett ikke være sikre på at livene deres vil være som før når morgendagen kommer.

Fordelen med denne tilstanden er at den tvinger oss til å vurdere retningen vi beveger oss i på nytt. Dermed må vi spørre oss selv: «Kan det være at vi har gått feil vei hele tiden?»

Spesielt i våre dager, hvor vi står midt oppi alvorlige kriser og vanskelige situasjoner, kan vi åpent innrømme at veien vi har valgt er en blindvei. De egosentriske egenskapene våre står i direkte kontrast til naturen, og vi er vant til å bruke teknologi for å kompensere for dette motsetningsforholdet. Vi burde i stedet ha endret egoismen vår til altruisme, slik at vi kan bli ett med naturen.

Kabbala bruker benevnelsen *Tikkun* (korrigering) om en slik endring fra egoisme til altruisme. For å forstå at egenskapene våre er helt motsatt av egenskapene til skaperen, må vi innrømme at det oppstod en splittelse mellom oss (menneskene) for fem tusen år siden. Dette kalles *erkjennelsen av ondskap*. Det er slett ikke lett, men det er første steg mot ekte liv og glede.

## DEN GLOBALE KRISEN HAR EN LYKKELIG SLUTT

De to gruppene med utspring fra Mesopotamia utviklet seg over en periode på fem tusen år til å bli en sivilisasjon bestående av mange forskjellige nasjoner. Ut i fra disse to opprinnelige gruppene, utviklet den ene seg til å bli det vi kaller *den vestlige sivilisasjonen* og den andre ble det vi kjenner som *Østens sivilisasjon*.

Konfliktene mellom disse to sivilisasjonene forverres stadig, og blir et bevis på at prosessen som startet med den første splittelsen nå har nådd et høydepunkt. For fem tusen år siden ble en samlet nasjon splittet fordi egoismen vokste, og førte til at menneskene ble distansert fra hverandre. Nå har tiden kommet for at denne «nasjonen», menneskeheten, skal forenes på nytt og igjen bli én samlet enhet. Vi befinner oss fremdeles ved dette veiskillet som dukket opp for omtrent fem tusen år siden, men nå er vi mye mer bevisste på det.

Interessen for mystisismen, som preget oldtidens Mesopotamia, dukker nå opp igjen samtidig som vi opplever denne kulturkrisen. Ifølge kabbalas lære er dette et tegn på at menneskeheten er i ferd med å knytte seg sammen igjen som en ny nasjon. I dag begynner vi å forstå at vi alle er som en eneste stor familie, og at vi er nødt til å gjenoppbygge den levemåten som eksisterte før splittelsen skjedde. Når menneskeheten igjen blir samlet, vil vi også bygge opp igjen forbindelsen til naturen.

## EGOISMEN ER ET PARADOKS

Den kabbalistiske læren ble oppdaget mens mystisismen blomstret, og den ga oss kunnskap om hvordan egoismen vår gradvis vokser og utvikler seg og hva som forårsaker denne veksten. I følge kabbalistene blir alt som eksisterer skapt av ønsker om selvrealisering.

Disse ønskene om selvrealisering kan ikke innfris i sin naturlige form, det vil si når de er egosentriske. Når ønskene våre blir innfridd, er det nemlig slik at vi nøytraliserer behovet, og når dette skjer har vi ikke lenger glede av det.

La oss ta et eksempel: Tenk på favorittretten din, og se for deg at du er på en flott restaurant. En smilende servitør kommer til bordet ditt og plasserer et fat som bugner av deilig mat foran deg. Mmmm… for en herlig duft! Koser du deg nå? Kroppen din koser seg i alle fall, og derfor begynner den å produsere fordøyelsesvæsker bare ved tanken på denne retten.

Så snart du begynner å spise, avtar derimot følelsen av nytelse. Jo mettere du blir, desto mindre nyter du måltidet. Når du til slutt er stappmett, er nytelsen du fikk av måltidet borte og du slutter å spise. Du stopper ikke å spise fordi du er mett, men fordi det ikke er noe morsomt å spise når magen er full. Det er dette som er egoismens paradoks: Hvis du har det du ønsker deg, ønsker du det ikke lenger.

Da vi ikke kan leve uten nytelse, er vi *tvunget* til stadig å lete etter nye og større nytelser. Dette gjør vi ved å utvikle nye ønsker og behov, som også forblir uoppfylte. Det blir en ond sirkel. Jo mer vi ønsker oss, desto større blir tomheten vi føler. Når denne følelsen av tomhet blir sterkere, vil dette igjen forsterke vår frustrasjon.

Siden vi nå befinner oss på det mest intense behovsnivået i historien, blir konklusjonen selvfølgelig at vi er mer misfornøyde nå enn noen gang før, selv om vi åpenbart har mer enn foreldrene og forfedrene våre noen gang hadde. Kontrasten mellom det vi har på den ene siden, og den økende misnøyen vår på den andre siden, er essensen i krisen vi opplever i dag. En økende egoisme forsterker tomheten vi føler, og dette forverrer krisen igjen.

## NØDVENDIGHETEN AV ALTRUISME

Fra begynnelsen av var alle menneskene knyttet sammen gjennom sine indre kvaliteter. Vi både følte oss og tenkte på oss selv som en helhetlig skapning, og det er nettopp slik naturen ser på oss også. Dette «kollektive» mennesket kalles *Adam*, som kommer av det hebraiske ordet *Domeh* (lik). Ordet *lik* henviser til likhet til skaperen, som jo også er enhetlig og hel. På tross av at vi opprinnelig følte at vi alle er knyttet sammen i vårt indre, mistet vi gradvis følelsen av enhet og vi gled stadig lengre fra hverandre etter hvert som egoismen vår vokste.

Naturens plan står beskrevet i de kabbalistiske bøkene. Den handler om at egoismen vår skal utvikle seg helt til vi innser at vi har distansert oss fra hverandre, og blitt onde mot hverandre. Logikken i denne planen ligger i at vi først må kjenne hvordan det er å fungere som en enhet, før vi fjerner oss fra hverandre som egoistiske enkeltindivider. Bare slik vil vi kunne forstå at vi er fullstendig egoistiske, og at vi er en direkte motpart til skaperen.

Dette er dessuten den eneste måten for oss å forstå hvor negativ, lite tilfredsstillende og fullstendig håpløs egoismen vår er. Den fører altså til avstand oss imellom, slik at vi lever atskilt fra hverandre og fra naturen. For at vi skal kunne endre oss, må vi først forstå hvor ille situasjonen er. Det er nemlig det eneste som kan få oss til å ønske forandring, og som kan gjøre at vi selv finner en metode som kan omskape oss til altruister, slik at vi på nytt velger å knytte oss sammen som en menneskehet og med naturen. Som vi allerede har forklart, er det jo tross alt ønskene og behovene våre som er drivkraften bak all forandring.

*Kabbalisten Yehuda Ashlag skriver at*
*hvis et Kli (hebraisk for en beholder)*
*skal kunne utføre oppgaven sin, nemlig*

> *å være altruistisk, må det øvre lyset
> først fylle Kli-et for deretter å tømme
> det. Hvis vi ønsker å være ett med ska-
> peren, må vi med andre ord først knytte
> bånd til han og deretter oppleve å miste
> dette samholdet igjen. Ved å oppleve
> begge disse tilstandene, blir vi i stand til
> å ta et bevisst valg og denne bevissthe-
> ten er helt nødvendig dersom man skal
> oppnå ekte samhold.*
>
> *Denne prosessen kan vi sammenligne
> med et barn som føler seg knyttet til
> foreldrene mens det vokser opp, og som
> senere gjør opprør i tenårene. Til slutt
> blir ungdommen voksen, og forstår
> hensikten med oppveksten han eller hun
> fikk.*

Altruisme handler likevel ikke om valg. Det bare virker som om vi kan velge mellom enten å være egoistisk eller altruistisk. Når vi gransker hvordan naturen fungerer, ser vi at altruisme er den helt grunnleggende loven i naturen. Hver eneste celle i kroppen vår er for eksempel egoistisk i seg selv. For å overleve, må den likevel gi slipp på de egoistiske tilbøyelighetene nettopp for at hele kroppen skal kunne leve og ha det godt. Belønningen cellen får, er at den kjenner livskraften til hele kroppen og ikke bare sin egen eksistens.

Et slikt forhold må vi også ha til hverandre. Jo flinkere vi blir til å knytte oss sammen, desto sterkere vil vi føle den evige tilstedeværelsen til Adam. Alternativet vil være å følge den uunngåelige syklusen til det fysiske livet.

Altruisme har blitt en grunnforutsetning for vår egen overlevelse, særlig i våre dager. Nå er det helt innlysende at alle

mennesker er knyttet sammen, og at alle er avhengig av hveran-
dre. Denne avhengigheten gir oss en ny og nøyaktig definisjon på
altruisme: En hvilken som helst handling eller tanke som bunner
i behovet for å knytte menneskeheten sammen til en enhet, anses
å være altruistisk. Enhver tanke eller handling som *ikke* bunner i
et ønske om å forene menneskeheten, er derfor egoistisk.

Årsaken til alle lidelsene vi ser her i verden blir følgelig at
vi handler stikk i strid med naturen. Alle andre elementer –
mineraler, planter og dyr – følger den altruistiske naturloven
instinktivt. Det eneste som står i kontrast til resten av naturen, er
det menneskelige atferdsmønsteret.

Det er ikke bare vår egen lidelse vi ser rundt oss. Alt annet lider
også på grunn av våre skadelige handlinger. Hvis alt unntatt men-
neskene følger naturloven instinktivt, gjør det at mennesket er det
eneste elementet i vår verden som ikke fungerer som det skal. Kort
oppsummert: Om vi justerer handlingene våre mot altruisme i ste-
det for egoisme, kommer også alt annet i naturen – klima, matman-
gel, kriger og samfunnet i sin helhet – til å finne sin riktige form.

## EN DYPERE INNSIKT

Det følger en spesiell bonus med altruisme. Den eneste forand-
ringen er tilsynelatende at vi kommer til å sette andre høyere enn
oss selv, men fordelene er faktisk mye større enn som så. Når vi
begynner å rette fokuset mot andre mennesker, blir vi knyttet til
dem og de til oss.

Tenk på det slik: Nå lever det omtrent syv milliarder men-
nesker på jorden. Hva om du i stedet for å ha to hender, to ben og

én hjerne til å styre dem, hadde fjorten milliarder hender, fjorten milliarder ben og syv milliarder hjerner? Høres det forvirrende ut? I praksis ville alle hjernene fungert som én eneste hjerne, og alle hendene hadde fungert som ett samlet sett med hender. Hele menneskeheten ville fungert som én kropp hvis evner hadde blitt forsterket syv milliarder ganger.

Bonusene slutter ikke her! I tillegg til å bli overmenneskelig, vil alle som blir altruistiske oppleve den mest attraktive egenskapen, nemlig allvitenhet. Det vil si at man får perfekt hukommelse, og en fullkommen kunnskap og innsikt. Siden altruisme er skaperens natur, blir vår egen natur også mer lik skaperens når vi tilstreber samme egenskaper og begynner å tenke som han. Vi vil etter hvert få en forståelse for hvorfor alt skjer, når det bør skje og hva vi bør gjøre dersom vi vil at det skal skje på en annen måte. I kabbala kaller man denne tilstanden for «likhet i form», og dette er hensikten med skapelsen.

Denne tilstanden av dypere innsikt og likhet i form, er selve årsaken til at vi finnes. Den er bakgrunnen for at vi ble skapt som én enhet, for deretter å oppleve at enheten vi besto av ble ødelagt slik at vi kunne forenes på nytt. I denne gjenforeningsprosessen skal vi lære hvorfor naturen oppfører seg som den gjør, og hvordan vi kan bli like kloke og kunnskapsrike som selve skapelsestanken.

Så snart vi blir ett med naturen, kommer vi til å føle oss like uendelige og fullkomne som den. I en slik tilstand kommer vi til å merke at vi eksisterer i ett med naturens uendelighet, til og med etter at kroppene våre dør. Vi kommer faktisk ikke til å merke om kroppene våre lever eller dør, for den egosentriske oppfattelsen vi hadde tidligere vil bli erstattet med en forståelse som er helhetlig og altruistisk. Våre egne liv kommer til å være ett med hele naturen.

## TIDEN ER INNE

Boken *Zohar*, kabbalas «Bibel», ble skrevet for ca. to tusen år siden. Den slo fast at egoismen i menneskeheten kom til å nå sitt høyeste nivå noensinne mot slutten av 1900-tallet.

Vi har sett at jo mer vi vil ha, desto større blir følelsen av tomhet i oss. Siden slutten av 1900-tallet har menneskeheten følt en større tomhet enn noen gang tidligere. I boken *Zohar* står det også at menneskeheten vil få behov for noe som kan kurere denne tomhetsfølelsen, slik at folk kan finne en mening med livene sine. Tiden vil da være inne for å introdusere kabbala for hele menneskeheten, slik at alle lærer å oppnå likhet med naturen og dermed kan realisere seg selv.

Å oppnå en slik fullbyrdelse, også kalt *Tikkun*, er en gradvis prosess. Målet vil ikke nås over natten, og det kommer heller ikke til å skje med alle samtidig. For at *Tikkun* skal skje, må man *ville* det siden dette er en prosess som utvikler seg i henhold til ens egen frie vilje.

Det er først når man innser at ens egen egoistiske natur er kilden til alt ondt, at en slik endring kan begynne. Man gjør seg da en særdeles sterk og personlig erfaring, men den fører garantert til at man ønsker å endre seg, altså at man ønsker å gå fra egoisme til altruisme.

Som tidligere nevnt behandler skaperen oss alle som ett samlet, helhetlig vesen. Vi har alltid forsøkt å nå målene våre på en egoistisk måte, men nå er vi i ferd med å oppdage at problemene bare kan løses hvis vi står samlet og opptrer altruistisk. Jo mer oppmerksomme vi er på egen egoisme, desto mer vil vi ønske å endre naturen vår til å bli altruistisk ved hjelp av den kabbalistiske metoden. Selv om vi ikke benyttet sjansen da kabbala dukket opp første gang, kan vi gjøre det nå. I dag vet vi at vi virkelig trenger det!

Menneskehetens utvikling de siste fem tusen årene har vært en prosess som har bestått av å prøve ut en metode, og utforske hva slags gleder den kan gi, for så å bli skuffet. Deretter har vi byttet den ut med en ny metode med håp om at denne vil gi større nytelse. Nye metoder har kommet og gått, men de har ikke gjort oss lykkeligere. Den kabbalistiske metoden har til hensikt å korrigere det høyeste egoistiske nivået, og nå som denne metoden er tilgjengelig behøver vi ikke lenger gå gjennom alle skuffelsene. Det eneste vi trenger å gjøre er å benytte oss av kabbala for å korrigere den verste egoismen vår, siden alle de andre forbedringene da kommer til å følge på som en slags dominoeffekt. Slik kan vi altså være tilfredse, inspirerte og glade, mens vi gjennomgår disse korreksjonene.

## KORT SAGT

Den kabbalistiske lærdommen (læren om å ta imot) dukket for første gang opp for ca. fem tusen år siden. Den gangen begynte menneskene å stille spørsmål rundt meningen med sin egen eksistens. De som satt med svarene på disse spørsmålene ble kalt *kabbalister*. Kabbalistene visste hva som var meningen med livet, og hva som var menneskehetens rolle i universet.

Den gang var behovene til folk flest altfor små til at de fant det umaken verdt å tilegne seg slik kunnskap. Da kabbalistene forstod at menneskeheten ikke hadde behov for læren deres, gjemte de den og forberedte i stillhet kunnskapen til en tid hvor alle og enhver ville være rede for å ta imot den. I mellomtiden dyrket menneskeheten andre retninger, som for eksempel religion og vitenskap.

I våre dager blir stadig flere overbevist om at man ikke finner svarene på livets vanskelige spørsmål i verken religion eller vitenskap, og de begynner å lete etter svar andre steder. Kabbala har ventet på at denne tiden skulle komme, og derfor dukker denne læren opp igjen nå for å gi oss svaret på hva som er meningen med tilværelsen.

Kabbala forteller oss at naturen, som er synonym med skaperen, er hel, altruistisk og samlet. Ifølge kabbala holder det ikke bare å forstå hvordan naturen fungerer, men vi må også ha vilje til å iverksette en slik væremåte i oss selv.

I henhold til kabbala vil vi på denne måten ikke bare likestilles med naturen, men også forstå selve tanken bak det hele – den universelle planen. Til slutt slår kabbala fast at vi ved å forstå denne helhetlige planen også blir sidestilt med selve hjernen bak planen, og at dette nettopp er formålet med skapelsen – å likestilles med skaperen.

Kapittel 2

# DET STØRSTE ØNSKET
# SOM FINNES

Nå som vi har gjort oss kjent med kabbalas opprinnelse, er det på tide å se hvordan kabbala berører oss mennesker.

Som mange kanskje allerede vet, dukker det opp en god del fremmede betegnelser i kabbalastudiet. De fleste kommer fra hebraisk, noen fra arameisk og noen fra andre språk, som for eksempel gresk. Den gode nyheten er at både nybegynnere og de som har studert en stund, klarer seg godt selv om de bare lærer seg et fåtall av dem. Siden begrepene beskriver spirituelle stadier, vil du lære de riktige navnene når du opplever dem inni deg.

Kabbala tar for seg behovene våre, og hvordan vi kan tilfredsstille dem. Denne læren har undersøkt den menneskelige sjelen og dens utvikling, helt fra den spede begynnelsen da den var som et spirituelt frø og frem til den nådde sitt høydepunkt som Livets tre. Så snart du får tak på de grunnleggende prinsippene, kommer hjertet ditt til å lære deg resten.

## ET UTGANGSPUNKT FOR UTVIKLING

La oss fortsette der vi avsluttet det forrige kapittelet. Det ble sagt at alt kommer til å bli bra dersom vi lærer oss å bruke egoismen vår på en annen måte, det vil si ved å knytte oss til andre slik at vi sammen danner en helhetlig, spirituell skapning. Vi lærte også at det finnes en metode, den kabbalistiske metoden, som har dette som sitt eneste formål.

Hvis vi ser oss omkring, er det helt tydelig at vi i dag ikke styrer mot en lysere fremtid. Vi befinner oss i en krise, og situasjonen er alvorlig. Selv om vi ikke har følt den på kroppen selv ennå, er det ingen garanti for at dette ikke kan endre seg. Vi ser at krisen har satt sine spor både i folks personlige liv, i samfunnet vi lever i og i naturen.

Kriser i seg selv trenger ikke nødvendigvis å være noe negativt. De indikerer bare at noe ikke lenger holder mål, og at det er på tide å bevege seg over i neste fase. Demokratiet, den industrielle revolusjonen, kvinnefrigjøringen og kvantefysikken er alle resultater av kriser innenfor sine felt. Alt som eksisterer i dag er sant å si resultater av tidligere kriser.

Dagens krise er egentlig ikke annerledes enn krisene vi har hatt tidligere, men den er mye mer intens og berører hele verden. Som en hvilken som helst annen krise, representerer også denne en mulighet for forandring og den er et utgangspunkt for utvikling. Alle lidelsene kan rett og slett forsvinne dersom vi tar de riktige valgene. Vi kunne lett forsynt alle i hele verden med mat, vann og husly. I tillegg kunne vi oppnådd fred på jord, og gjort kloden om til en frodig og sprudlende planet. For at det skal kunne skje, må vi ha et *ønske* om det og vi må velge det naturen *vil* at vi skal velge: nemlig samhold, og ikke distansering.

Hvorfor vil vi egentlig ikke knytte oss sammen? Hvorfor er vi så fremmede og avvisende overfor hverandre? Jo mer vi utvikler oss og jo mer kunnskap vi får, desto større blir avstanden oss imellom. Vi har lært oss hvordan vi bygger romskip, hvordan vi lager roboter på størrelse med molekyler og vi har klart å tyde hele det menneskelige kromosomsettet. Hvorfor har vi ikke da klart å lære oss hvordan vi kan bli lykkelige også?

Jo mer vi lærer om kabbala, jo oftere vil vi oppleve at studiet fører oss til utgangspunktet for alt som eksisterer. Før du finner svar gjennom studiene, blir du forklart hvorfor du befinner deg i din nåværende tilstand, og du trenger sjelden videre veiledning så sant du vet årsaken til tilstanden du befinner deg i. Med dette friskt i minne kan vi se på hva vi har lært så langt, og vi kan kanskje også klare å finne ut hvorfor vi ennå ikke har funnet nøkkelen til evig lykke.

## BAK LUKKEDE DØRER

> *Mennesket er... hvis det får utilstrekke-*
> *lig eller feil utdanning, det mest barba-*
> *riske av alle jordiske skapninger.*
> *--Platon, Lovene*

Vi har alltid sett på kunnskap som et gode. Spionasje har eksistert siden tidenes morgen, og er slett ingen nymotens oppfinnelse. Den finnes av den enkle grunn at kunnskap alltid har blitt overlevert til dem som har behov for den, og diskusjonen har kun dreid seg om *hvem* som trenger å få vite.

Tidligere ble de kunnskapsrike kalt for *vismenn*, og de satt inne med informasjon om naturens hemmeligheter. I frykt for at kunnskapen deres skulle komme i hendene på mennesker de anså som uverdige, holdt de den hemmelig.

Hvordan avgjør vi hvem som skal få informasjon eller ikke? Gjør jeg rett i å skjule informasjon bare fordi jeg er den eneste som vet om den? Naturligvis vil ingen være enig i at vi ikke er verdige nok til å få vite, og derfor prøver vi å «stjele» all den informasjonen vi vil ha, men som ikke er åpent tilgjengelig.

Slik har det ikke alltid vært. For mange år siden, før egoismen utviklet seg til sitt høyeste nivå, tok folk først og fremst hensyn til fellesskapets nytte fremfor å tenke på egne interesser. De følte seg knyttet til naturen og hele menneskeheten, og ikke til seg selv. For dem var dette den naturlige måten å leve på.

I dag gjør vi helt andre vurderinger, og vi mener at vi har rett til å få vite og gjøre alt. Det egoistiske nivået vi befinner oss på nå, gjør at vi automatisk tenker slik.

Til og med før menneskeheten nådde det fjerde behovsnivået, begynte de lærde å selge kunnskapen sin for materielle goder som penger, ære og makt. I takt med at de materielle fristelsene vokste, klarte ikke menneskene lenger å holde seg til en beskjeden livsstil og å holde fokus på å følge naturens lover. I stedet begynte vismennene å bruke kunnskapen sin for å oppnå materielle gleder.

Som følge av dagens teknologiske fremgang og den stadig økende kraften i egoene våre, har kunnskapsmisbruket blitt regelen snarere enn unntaket. Jo større teknologisk fremgang vi har, desto farligere blir vi for oss selv og omgivelsene våre. Vi ser også at når et menneske får mer makt, blir det samtidig mer fristet til å bruke den makten for å oppnå egne fordeler.

Som vi tidligere har nevnt, består ønsket om å få av fire intensitetsnivåer. Når ønsket blir sterkere, blir også det sosiale og moralske forfallet større. Derfor er det ikke rart at vi befinner oss i en krise. Dette forklarer også hvorfor vismennene valgte å skjule kunnskapen sin, og hvorfor deres egen økende egoisme nå tvinger dem til å avsløre den.

Med mindre vi endrer oss selv, kommer ikke kunnskap og allslags fremskritt til å være til hjelp. Det kommer tvert imot bare til å skade oss ytterligere. Derfor vil det være svært naivt å tro at de vitenskapelige fremskrittene vil kunne oppfylle løftene om det gode liv. Dersom vi vil at fremtiden skal bli bedre, trenger vi bare å forandre oss selv.

## BEHOVSUTVIKLINGEN

Utsagnet om at menneskets natur er egoistisk, er vel neppe førstesideoppslag. Siden vi er født egoistiske, er vi alle, uten unntak, tilbøyelige til å misbruke kunnskapen vi besitter. Det betyr ikke nødvendigvis at vi kommer til å bruke kunnskapen vår til å begå kriminelle handlinger. Misbruket kan komme til uttrykk gjennom veldig små og tilsynelatende bagatellmessige ting, som for eksempel en forfremmelse på jobben uten at man har fortjent det, eller å ødelegge forholdet mellom sin beste venn og kjæresten.

Den store nyheten er ikke at menneskene er egoistiske av natur, men at *jeg er en egoist*. Første gang man konfronteres med sin egen egoisme, blir man «edru» ganske fort. Som alltid etter en kraftig rus, kommer den tunge hodepinen dagen derpå.

Det er en god grunn til at ønsket vårt om å få, hele tiden utvikles, og dette skal vi se nærmere på om en liten stund. La oss først se på hvordan denne utviklingen påvirker hvordan vi tilegner oss kunnskap.

Nye behov skapes hver gang et nytt ønske dukker opp. Når vi prøver å finne en måte å tilfredsstille de nye behovene på, vil vi utvikle og forbedre hjernen vår. Det er med andre ord utviklingen av ønsket om å få som også skaper utvikling generelt.

> *Det første behovsnivået består av fysiske behov som mat, sex, familie og tilholdssted. Dette er de mest elementære behovene som alle levende skapninger har i seg.*
>
> *Bortsett fra det første behovsnivået, gjelder alle de andre nivåene kun for mennesket og de utvikler seg fra det å leve i et menneskelig samfunn. Det andre nivået er behov for velstand, det tredje nivået er behov for ære, berømmelse og makt, og det fjerde nivået er behov for kunnskap.*

Om vi tar en titt på menneskehetens historie med utgangspunkt i hvordan behovene har utviklet seg, viser det seg at de voksende behovene våre har ledet oss til hver eneste idé, oppdagelse og oppfinnelse. Vi har brukt alle nyskapningene til å prøve å tilfredsstille ønskene som behovene våre gir oss.

Følelsen av å være lykkelig eller ulykkelig, fornøyd eller å lide avhenger av i hvilken grad vi klarer å tilfredsstille behovene våre. Å møte behovene krever innsats, og dette styrer alle våre handlinger. Kabbalisten Yehuda Ashlag forklarer det på denne måten: «Uten motivasjon er man ikke i stand til å bevege så mye som en finger... uten at det på en eller annen måte gagner en selv.» Han forklarer videre: «Når man for eksempel flytter hånden sin fra stolen til bordet, er det fordi man forventer å føle en større nytelse ved å legge den på bordet. Dersom man ikke tenkte slik, ville hånden blitt liggende på stolen resten av livet.»

I det forrige kapittelet sa vi at egoismen er et paradoks, og det vil si at man er i en situasjon hvor man taper uansett hvilken løsning man velger. Intensiteten i behovet bestemmer hvor mye glede man får ut av at ønsket blir tilfredstilt, men behovet avtar likevel proporsjonalt med at tilfredsstillelsen øker. Når behovet blir borte, forsvinner også nytelsen som dugg for solen. Hvis vi har noe vi gleder oss over, må vi altså holde på dette ønsket, ellers kommer gleden gradvis til å forsvinne.

Dette betyr også at nytelsen ikke ligger i selve objektet, men i den som ønsker nytelsen. Hvis jeg for eksempel er veldig glad i tunfisk, så betyr ikke det at nytelsen finnes i tunfiskkjøttet, men at nytelse «i form av» tunfisk finnes *inni meg*.

Du kan jo spørre hvilken som helst tunfisk om den nyter sitt eget kjøtt, men jeg tviler på at svaret vil være positivt. Det ville være taktløst å spørre tunfisken: «Hvorfor nyter du det ikke? Når jeg tar en bit, så smaker det så utrolig godt, og du har jo tunfiskkjøtt i massevis! Jeg hadde vært så lykkelig hvis jeg var deg.»

Tunfisk snakker jo ikke, men det er selvfølgelig ikke den eneste grunnen til at denne samtalen ikke er særlig realistisk. Noen av oss liker tunfisk veldig godt, men samtidig vet vi instinktivt at tunfisken ikke har glede av sitt eget kjøtt.

Hvorfor synes vi derfor at tunfisk smaker så godt? *Fordi vi har et ønske om det.* Tunfisken ønsker ikke sitt eget kjøtt, og det er grunnen til at de ikke nyter det. Et bestemt ønske om å oppnå nytelse fra et bestemt objekt, kalles *Kli* (en beholder), og det å la nytelsen komme inn i vårt *Kli* kalles *Ohr* (lys). Betegnelsene *Kli* og *Ohr* er utvilsomt det viktigste prinsippet innen læren om kabbala. Når du bygger et *Kli*, en beholder til skaperen, vil du kunne ta imot lys fra han.

## HVORDAN SKAL VI HÅNDTERE BEHOVENE?

Nå som vi vet at behovene fører til fremskritt, kan vi se på hvordan vi har håndtert dem opp gjennom historien. Vi har hovedsaklig håndtert behovene på to måter: 1) ved å la alt bli en vane, å «legge bånd på» behovene, eller å innlemme dem i den daglige rutinen, og 2) ved å redusere og undertrykke dem.

De fleste religioner bruker den første teknikken, og benytter belønninger for å få oss til å handle på riktig måte. Veilederne våre og andre rundt oss belønner oss med positive tilbakemeldinger når vi gjør noe «riktig» for å motivere oss til å gjøre mer av det de anser som bra. Belønningene avtar gradvis etter hvert som vi blir eldre, men måten vi handler på er blitt «merket» i mentaliteten vår som riktig oppførsel.

Så snart vi har tilpasset oss, blir det en vane. Når vi så oppfører oss i henhold til det som føles naturlig for oss, har vi det alltid bra.

Den andre måten å håndtere behovene på, å redusere dem, blir hovedsakelig brukt i lærer fra Østen. Denne tilnærmingsmetoden følger en enkel regel: Det er bedre å ikke ønske seg noe i det hele tatt, enn å ønske seg noe og ikke oppnå det. Laozi

(604 - 531 f.Kr) sa det slik: «Lev hverdagslig, velg det enkle, reduser egoismen, begjær minst mulig» (*The Way of Lao-tzu*).

Det så lenge ut til at vi skulle klare oss bra med bare disse to metodene. Selv om vi ikke fikk det vi ønsket oss – på grunn av paradokset om at gleden forsvinner så fort du oppnår det du ønsker deg – så var jo selve jakten tilfredsstillende i seg selv. Hver gang det dukket opp et nytt behov, var vi overbevist om at dette behovet ville oppfylle ønskene våre. Vi var håpefulle så lenge vi beholdt drømmen om noe, selv om drømmene ikke ble til virkelighet. Der det er håp, er det liv.

Behovene våre bare fortsatte å utvikle seg. Det har blitt vanskeligere å tilfredsstille dem med uoppfylte drømmer, med et tomt *Kli*, uten å få oppfylt selve ønskene. De to metodene, som går ut på å ta kontroll over og redusere ønskene, står således overfor en stor utfordring. Når vi ikke klarer å redusere behovene våre, er den eneste utveien å prøve å finne en måte å tilfredsstille dem på. I denne tilstanden forlater vi enten de opprinnelige metodene, eller vi kombinerer dem med en ny måte å lete etter tilfredsstillelse på.

## ET NYTT BEHOV DUKKER OPP

Vi har forklart at ønsket om å få består av fire nivåer: 1) fysiske behov for mat, forplantning og familie, 2) velstand, 3) makt og respekt (som noen ganger også deles inn i to atskilte nivåer) og 4) behov for kunnskap.

Disse fire nivåene deles inn i to grupper: animalske behov og menneskelige behov. De animalske behovene omfatter det første nivået, og består av behov som er felles for alle levende skapninger. Nivå to, tre og fire er menneskelige behov, og de benyttes kun av menneskene. Det er den siste gruppen som har ført oss dit vi er i dag.

I våre dager har det dukket opp enda et nytt behov, nemlig det femte nivået i utviklingen av ønsket om å få. Som vi fortalte i det forrige kapittelet, beskriver boken *Zohar* et nytt behov som vil komme til syne mot slutten av 1900-tallet.

Dette nye behovet er ikke et hvilket som helst behov: Det er resultatet av alle de andre behovsnivåene til sammen. I tillegg til at dette er det sterkeste behovet, innehar det også noen karakteristiske egenskaper som gjør at det skiller seg fra alle de andre behovene.

Når kabbalistene snakker om hjertet, refererer de ikke til det fysiske organet som vi kaller hjertet, men til behovene som tilhører de fire første behovsnivåene. Det femte behovsnivået er vesentlig annerledes. Dette behovet kan bare tilfredsstilles av spiritualitet, og ikke av noe fysisk eller materielt. Behovet er også grunnlaget for den spirituelle veksten som det er meningen at vi skal gjennomgå i henhold til den universelle planen. Derfor kaller kabbalistene dette behovet for *punktet i hjertet*.

## ET NYTT BEHOV KREVER EN NY METODE

Når *punktet i hjertet* gjør seg gjeldende, dukker det opp et ønske om noe annet enn jordiske gleder (sex, penger, makt og kunnskap). Man begynner i stedet å ønske seg spirituelle nytelser. Siden vi nå er på jakt etter en ny type nytelse, trenger vi også en ny metode for å tilfredsstille dette behovet. Denne metoden kalles *læren om kabbala* (læren om hvordan man skal ta imot).

For å forstå den nye metoden, må vi se nærmere på forskjellene mellom kabbala, hvor målet er å oppfylle behovet for spiritualitet, og de metodene som brukes for å dekke alle de andre behovene. Det er vanligvis ganske lett å definere de «vanlige» behovene våre. Hvis jeg ønsker å spise, ser jeg etter mat, og hvis jeg ønsker respekt, så oppfører jeg meg på en måte som jeg tror andre vil respektere meg for.

Hvordan kan jeg vite hva jeg skal gjøre for å oppnå spiritualitet, når jeg ikke helt vet hva spiritualitet er? I starten skjønner vi ikke at behovet vårt egentlig dreier seg om å oppdage skaperen, og at vi trenger en ny metode for å lete etter han. Dette behovet er så fullstendig annerledes enn noe annet vi tidligere har følt, og dermed er det uforståelig selv for oss. Metoden som lar oss forstå og tilfredsstille det nye behovet, betegnes derfor som *den skjulte læren*.

Vi trengte ikke den skjulte læren så lenge vi bare ønsket oss mat, sosial status og kunnskap, og den forble derfor skjult siden vi ikke hadde behov for den. Selv om den ble holdt skjult, betyr ikke det at den ble forlatt og glemt. Heller tvert imot, kabbalistene har tilpasset og finpusset metoden gjennom fem tusen år som en forberedelse til den tiden da vi ville få behov for den igjen. Bøkene som er skrevet er blant annet blitt enklere og enklere i formen, slik at kabbala skulle bli mer forståelig og tilgjenglig for alle.

Kabbalistene visste at hele verden kom til å trenge denne metoden i fremtiden, og de skrev at dette kom til å skje når det femte behovsnivået dukket opp. Det nye nivået er her i dag, og de som kjenner det igjen i seg selv føler behovet for den kunnskapen som kabbala gir.

I kabbalistisk terminologi sier vi at man må ha et *Kli* for å være i stand til å motta nytelse, det vil si at vi må ha et definert behov for å kunne motta en helt bestemt glede. Når et *Kli* dukker opp, blir hjernen vår tvunget til å lete etter en måte å fylle den med *Ohr* (lys) på. Mange av oss har i dag et *punkt i hjertet*, og derfor trer kabbala frem som et verktøy vi kan bruke for å tilfredsstille behovet for spiritualitet.

## *TIKKUN* – KORRIGERING AV ØNSKET OM Å TA IMOT

Vi har allerede sagt at ønsket om å ta imot er et paradoks: Når jeg endelig får det jeg ønsker meg, tar ønsket slutt nesten umiddelbart, og uten å ønske noe, kan jeg selvfølgelig heller ikke nyte.

Behovet for spiritualitet er utstyrt med sin egen forhåndsinstallerte og unike mekanisme som gjør at vi unngår dette paradokset. Mekanismen kalles *Tikkun* (korreksjon). Behovet som kommer av det femte nivået må «kles inn» av *Tikkun* før det kan brukes på en effektiv og tilfredsstillende måte.

Ved å forstå hva *Tikkun* er, vil mange av de vanlige misforståelsene om kabbala bli oppklart. Ønsket om å få har vært drivkraften bak alle endringene og fremskrittene som menneskeheten har opplevd gjennom historien. Dette ønsket om å få har alltid handlet om å ta imot for egen nytelses skyld. Det er i prinsippet ikke noe galt i å ønske nytelse, men vi må være klar over at når *hensikten* vår er å nyte for egen nytelses skyld, lever vi også som en motsetning til naturen. Derfor distanserer vi oss fra skaperen når vi ønsker å motta *for vår egen del*. Dette er den moralske fordervelsen vår, og selve årsaken til at vi opplever så mye motgang og utilfredshet.

*Tikkun* skjer ikke gjennom å slutte å ta imot, men når vi endrer *intensjonen* vår bak det å motta. Når vi får for vår egen nytelses skyld, kaller vi det for *egoisme*. Om vi derimot tar imot fordi vi vil forenes med skaperen, kaller vi det *altruisme*, som betyr samhold og likhet med naturen.

Ville du for eksempel like å spise den samme maten hver eneste dag i flere måneder? Antageligvis ikke. Dette forventes likevel av babyer, og de har ikke mulighet til å velge noe annet. Den eneste grunnen til at de går med på å spise det samme dag etter dag, er fordi de ikke vet om noe annet. Sannsynligvis er gleden ved å spise noe begrenset for dem, siden spisingen bare handler om å fylle de tomme magene.

Tenk deg babyens mor, og se for deg hvordan ansiktet hennes stråler når hun mater barnet sitt. Hun er i den syvende himmel når hun ser barnet sitt spise med god appetitt. Babyen er (i beste fall) fornøyd, men moren er jublende glad.

Hva er det som skjer i dette eksemplet? Både moren og barnet nyter barnets behov for mat. Mens barnet kun er opptatt av sin egen mage, er morens glede betydelig større fordi hun gleder seg over å gi noe til babyen sin. Hun har ikke fokuset rettet mot seg selv, men mot barnet sitt.

Slik er det i naturen også. Hvis vi visste hva naturen ønsket av oss og vi oppfylte det ønsket, ville vi umiddelbart følt hvor tilfredsstillende det er å gi. Vi ville ikke bare ha følt det på et instinktivt nivå, slik mødre helt naturlig føler overfor barna sine, men på et spirituelt nivå som følge av båndet vi hadde fått til naturen.

På hebraisk, som er originalspråket til kabbala, blir intensjonen kalt *Kavana*. Vi trenger altså en *Tikkun* for å klare å plassere den rette *Kavana* bak ønskene våre. Belønningen for å gjøre *Tikkun* og å ha *Kavana,* er at man får tilfredsstilt det siste og største av alle ønskene – behovet for spiritualitet og skaperen. Når behovet blir tilfredsstilt, vet man hvordan systemet som kontrollerer virkeligheten fungerer, man er delaktig i å skape den og til slutt får man nøklene og kan sette seg i førersetet. Et slikt menneske vil ikke lenger oppleve livet og døden på samme måte som vi gjør, men vil derimot være ett med skaperen, og kunne bevege seg glad og bekymringsløst gjennom evigheten i en endeløs strøm av lykke og fullkommenhet.

## KORT SAGT

Behovene våre består av fem nivåer som blir delt inn i tre grupper. I den første finner vi de animalske behovene (mat, forplantning og tilholdssted), i den andre har vi de menneskelige behovene (penger, ære, kunnskap) og i den tredje gruppen finner vi behovet for spiritualitet (*punktet i hjertet*).

Så lenge det kun var de to første gruppene som var virksomme, slo vi oss til ro med å «kontrollere» og undertrykke behovene våre etter et fast mønster. Da punktet i hjertet dukket opp, fungerte ikke dette lenger og vi måtte se oss om etter en annen metode. Etter å ha vært holdt skjult i tusenvis av år, trådte dermed læren om kabbala frem igjen. Kabbala hadde ventet på at denne tiden skulle komme hvor vi på nytt skulle få behov for kunnskapen.

Kabbala er det middelet vi har for å kunne utføre *Tikkun* (korrigering). Ved å bruke læren, kan vi endre vår *Kavana* (intensjon) fra et ønske om selvtilfredsstillelse, altså det vi kaller egoisme, til et ønske om å tilfredsstille naturen som helhet. Det definerer vi som altruisme.

Den globale krisen som vi opplever i dag, er egentlig en behovskrise. Alle problemene kommer til å forsvinne når vi benytter oss av kabbala for å tilfredsstille det siste og største ønsket av alle, nemlig behovet for spiritualitet. Det er fordi roten til problemene ligger i den spirituelle misnøyen som mange opplever.

Kapittel 3

# SKAPERVERKETS OPPHAV

Vi har nå slått fast at vi i dag virkelig har behov for å studere kabbala, og dermed er tiden inne for å lære noe om grunnlaget i denne læren. Selv om omfanget av denne boken ikke omfatter en detaljert forklaring på Den øvre virkeligheten, vil du mot slutten av kapittelet ha et bredt nok utgangspunkt for å gå videre, om du ønsker å studere kabbala mer inngående.

Når det gjelder tegninger, så er dette et kjennetegn ved kabbalistiske bøker. Tegningene hjelper til med å beskrive spirituelle tilstander og strukturer. Kabbalister har helt fra starten av benyttet seg av tegninger som verktøy for å forklare hva de opplever på den spirituelle reisen. Det er likevel viktig å huske at tegningene *ikke* representerer håndfaste objekter. De er kun bilder som blir brukt for å forklare *spirituelle* tilstander, og omfatter vårt mest fortrolige forhold til naturen.

## SPIRITUELLE VIRKELIGHETER

Skaperverket ble til ut fra ønsket om å ta imot nytelse. Dette ønsket utviklet seg i fire faser, og den siste fasen blir kalt *skapningen* (figur 1). Denne oversikten over ønskenes utviklingsstruktur er grunnlaget for alt som eksisterer.

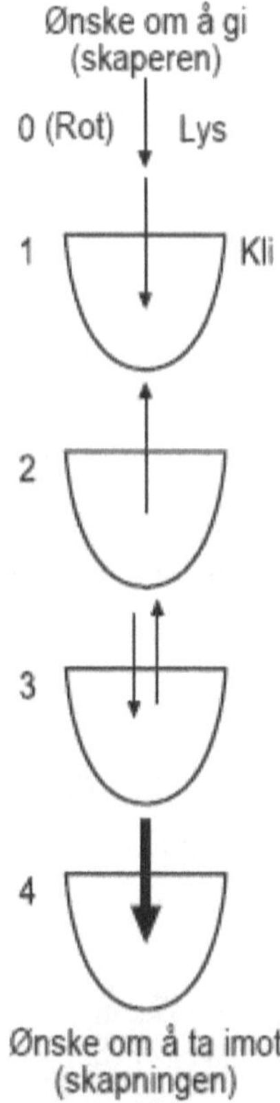


Figur 1: De fem utviklingsfasene til ønsket om å ta imot. Pilene som peker nedover viser til skaperens lys som fyller *Kli* (beholderen), mens pilene som peker oppover viser til menneskets ønske om å glede skaperen.

Figur 1 beskriver hvordan skapninger ble til. Om vi ser på skaperverket som en fortelling, vil det hjelpe oss å huske at tegningene forklarer følelsesmessige, spirituelle tilstander og ikke steder eller objekter.

Før noe i det hele tatt blir skapt, må man tenke gjennom og planlegge det. I dette tilfellet snakker vi om selve skaperverket, og tanken som forårsaket denne. Vi kaller den *skapelsestanken*.

I det første kapittelet ble det sagt at tidligere presset menneskenes frykt for naturen dem til å lete etter den universelle planen som vi alle er omfattet av. Observasjonene deres gjorde at de oppdaget at meningen med livet er at vi skal nyte. Det dreier seg ikke om en hvilken som helst nytelse, eller slik fornøyelse som vi kan oppnå i vår verden. Naturen (som vi sa var synonym med betegnelsen skaperen) ønsker at vi skal ta imot en helt spesiell type nytelse, nemlig en der vi blir identiske med naturen.

Om du studerer figur 1, vil du se at skapelsestanken faktisk er et ønske om å gi nytelse (kalt *lys*) til skapningene. Dette er grunnlaget for skaperverket, og årsaken til at vi alle eksisterer.

Kabbalister bruker uttrykket *Kli* (beholder, mottaker) for å beskrive ønsket om å motta nytelse, lyset. Nå kan vi forstå hvorfor de kaller læren sin *læren om kabbala* (læren om å ta imot).

Det finnes også en god forklaring på hvorfor de kaller nytelse for *lys*. Når et *Kli* (et menneske) føler skaperen, kommer dette av at en mektig kunnskap er vekket til live i dette mennesket, som om noe er aktivert inni det og at man nå klarer å «se lyset». Når dette skjer, forstår vi at uansett hva denne kunnskapen er, så har den alltid vært her, selv om den har vært skjult for våre sanser tidligere. Det er som om en mørk natt blir til høylys dag, og at det usynlige er blitt synlig. Siden dette lyset kommer med kunnskap, kaller kabbalistene det for *kunnskapens lys*, og metoden for å ta imot dette lyset kalles *læren om kabbala*.

# DE FIRE GRUNNLEGGENDE FASENE

La oss gå litt tilbake, og studere figur 1 nærmere. For å kunne praktisere tanken om å gi, konstruerte skaperen en organisme som ønsket å motta den helt spesifikke nytelsen av å være identisk med skaperen. Om du har barn, så vet du hvordan dette føles. Finnes det et bedre kompliment for en stolt far enn å høre noen si: «Sønnen din er jo helt lik deg!»?

Skapelsestanken som gir nytelse til menneskene er som sagt selve opphavet (roten) til skaperverket. På grunn av dette blir skapelsestanken kalt *rotfasen* eller *fase null*, og ønsket om å ta imot nytelse kalles *fase en*.

> *Vær oppmerksom på at fase null vises med en pil som peker nedover. Når en pil peker i den retningen, betyr det at lys gis fra skaperen til mennesket. Det motsatte er derimot ikke mulig, slik at en pil som peker oppover representerer ikke at mennesket gir lys til skaperen, men at det ønsker å gi tilbake til han. Hva betyr det så når det er to piler som peker i hver sin retning? Dette vil du snart finne ut av om du leser videre.*

Kabbalister omtaler også skaperen som *ønsket om å gi*, og mennesket som *ønsket om å ta imot glede og nytelse*, eller bare *ønsket om å få*. Vi vil ta for oss vår forståelse av skaperen senere. Det som imidlertid er viktig å få fram, er at kabbalister alltid forteller oss at det de ser av skaperen er at han har et ønske om å gi, og at dette er årsaken til at de kaller han *ønsket om å gi*. Siden de også oppdaget et ønske i seg selv om å ta imot og om å få nytelsen som han ønsker å gi, kaller de seg selv for *ønsket om å ta imot*.

Ønsket om å få var det første som ble skapt, og er utgangspunktet for hver eneste skapning. Når skapningene, ønsket om å få, føler gleden som kommer fra giveren, føler de at ekte nytelse ligger i det å gi og ikke i det å få. Som et resultat av dette begynner ønsket om å få å utvikle et ønske om å gi i stedet (se pilen som peker oppover fra det andre *Kliet*, beholderen på tegningen). Dette er en helt ny fase, fase to.

La oss se nærmere på hva som gjør dette til en ny fase. Om vi ser på *Kliet* i seg selv, ser vi at det ikke forandrer seg gjennom de ulike fasene. Det betyr at ønsket om å få er like aktivt som det var i utgangspunktet. Siden ønsket om å få ble skapt gjennom skapelsestanken, varer det evig og vil aldri forandre seg.

I den andre fasen ønsker likevel ønsket om å få noe annet, nemlig å motta nytelse gjennom *å gi* og ikke fra å få. Dette er en fundamental endring. Den store forskjellen er at fase to trenger en annen skapning som den kan gi til. Fase to må med andre ord forholde seg positiv til noe annet enn seg selv.

Denne fasen tvinger oss til å gi til tross for vårt underliggende ønske om å få, og det er dette som gjør at livet går videre. Uten det ville ikke foreldre tatt vare på sine barn, og sosialt liv ville vært umulig. Om jeg for eksempel eier en restaurant, vil mitt største ønske være å tjene penger, men utgangspunktet er egentlig at jeg lager og serverer mat til fremmede som jeg ikke har noen interesse av på sikt. Dette gjelder også for bankansatte, taxisjåfører og alt mulig annet.

Nå kan vi se hvorfor naturens lov er altruisme og det å gi, og ikke loven om å ta imot, selv om ønsket om å få hele tiden er grunnlaget for hver eneste skapnings motivasjon på samme måte som i den første fasen. Fra det øyeblikket skapningene både har et ønske om å få og et ønske om å gi, vil alt som skjer dem komme fra «forholdet» mellom de to første fasene.

Dette viser at ønsket om å gi i fase to tvinger en til å kommunisere og lete etter noen som trenger å ta imot. Derfor begynner den andre fasen nå å undersøke hva den kan gi til skaperen. Hvem andre skal den ellers kunne gi til?

Når fase to prøver å gi, vil den oppdage at skaperen ikke har lyst til å ta imot noe i det hele tatt. Det eneste han vil, er å få lov til å gi. Om vi tenker oss om, klarer vi i det hele tatt å finne noe som skapningen kan gi til skaperen?

Fase to oppdager videre at innerst inne, i den første fasen, er det egentlige ønsket fremdeles å ta imot. Den oppdager at dens indre kjerne i hovedsak består av et ønske om å få glede og nytelse, og at det ikke finnes det minste gram av et ønske om å gi inni det. Her ligger hovedproblemet: Siden skaperen ønsker å gi, er skapningens ønske om å få det eneste det *kan* gi tilbake til skaperen.

Dette høres kanskje forvirrende ut, men om du tenker på gleden som en mor får når hun mater sitt lille barn, vil du oppdage at barnet faktisk gir glede til sin mor kun gjennom å ønske å spise.

Ønsket om å få *velge* å ta imot i den tredje fasen, gir med dette noe tilbake til rotfasen, skaperen. Nå har vi en komplett sirkel der begge spillerne er givere: Fase null, skaperen, gir til skapningen, som utgjør fase en. Ved å gå gjennom fase en, to og tre, gir skapningen tilbake til skaperen ved å ta imot det han gir.

I figur 1 viser pilen som peker nedover i den tredje fasen at handlingen går ut på å ta imot, slik som i den første fasen, mens den andre pilen som peker oppover symboliserer at dens *intensjon* er å gi, slik som i fase to. Begge handlingene bruker som sagt det samme ønsket om å få som i den første og andre fasen, og dette forandrer seg ikke i det hele tatt.

Vi har tidligere sett at våre egoistiske intensjoner er årsaken til alle de problemene som finnes i verden. Selv med utgangspunkt i grunnlaget til skapningen, gjelder også regelen om at intensjonen er mye viktigere enn handlingen i seg selv. Yehuda Ashlag sa at den tredje fasen er ti prosent å ta imot og nitti prosent å gi.

Nå ser det ut til at vi har en perfekt syklus der skaperen har lykkes med å gjøre skapningen lik seg selv, som en giver. Skapningen liker til og med å gi, og returnerer dermed glede til skaperen. Spørsmålet blir da om dette fullfører skapelsestanken?

Ikke helt. Handlingen med å ta imot (fase en) og forståelsen av at skaperen kun har et ønske om å gi (i fase to), gjør at skapningen ønsker å oppnå samme tilstand, fase tre. Det å bli en giver betyr likevel ikke at skapningen vil være i samme tilstand som skaperen, og slik fullføre skapelsestanken.

Å oppnå skaperens tilstand betyr at skapningen ikke bare må bli en giver, men at han også må ha samme *tanke* som giveren, selve skapelsestanken. I en slik tilstand vil skapningen forstå hvorfor skaper-/skapelsessirkelen ble satt i gang, og hvorfor skaperen i det hele tatt formet skaperverket.

Ønsket om å forstå skapelsestanken er helt klart en ny fase. Det eneste vi kan sammenligne det med, er et barn som ønsker å være like sterkt og klokt som sine foreldre. Vi vet instinktivt at dette kun er mulig når barnet først befinner seg i sine foreldres sko, og det er derfor foreldre ofte sier til sine barn: «Bare vent til du får barn selv, da vil du forstå».

I kabbala kaller man det å forstå skapelsestanken, den dypeste forståelsesfasen, for *oppnåelse*. Det er dette ønsket om å få krever i den siste fasen, fase fire.

Ønsket om å tilegne seg skapelsestanken er den sterkeste kraften i hele skaperverket, og bakgrunnen for hele evolusjonsprosessen. Enten vi er klar over det eller ei, søker vi alle å forstå hvorfor skaperen gjør som han gjør, og dette er den endelige kunnskapen vi alle søker. Det var den samme motivasjonen som presset kabbalister til å oppdage hemmelighetene bak skaperverket for flere tusen år siden, og vi får ikke fred i sinnet før vi forstår dette.

*En av de vanligste benevnelsene i kabbala er Sefirot. Ordet kommer fra det hebraiske ordet Sapir (safir), og hver Sefira (entall for Sefirot) har sitt eget lys. Hver eneste av de fire fasene er oppkalt etter en eller flere Sefira. Den opprinnelige fasen heter Keter, fase en Hochma, fase to Bina, fase tre Zeir Anpin og fase fire Malchut.*

*Det finnes ti Sefirot, siden Zeir Anpin er delt opp i seks Sefirot. Hesed, Gevura, Tifferet, Netzah, Hod og Yezod. Den fullstendige listen av Sefirot er derfor Keter, Hochma, Bina, Hesed, Gevura,*

*Tifferet, Netzah, Hod, Yesod og Mal-
chut.*

# EN OPPDAGELSESREISE PÅ JAKT ETTER SKAPELSESTANKEN

Selv om skaperen ønsker at vi skal oppnå nytelse ved å bli som han, ga han oss ikke dette ønsket i utgangspunktet. Alt han ga oss skapninger, den samlede sjelen til *Adam ha Rishon*, var ønsket om den mest fantastiske nytelsen. Som vi ser av utviklingen gjennom fasene, er dette noe som vil utvikle seg innenfra etter hvert som man går gjennom de ulike fasene.

I den tredje fasen har skapningen allerede fått alt, og ønsker å gi tilbake til skaperen. Sekvensen kunne blitt avsluttet her, siden skapningen nå gjør det samme som skaperen – å gi. På denne måten er de nå identiske.

Skapningen slår seg derimot ikke til ro med å gi. Den ønsker å forstå hvorfor det er så fantastisk å gi, hvorfor en givende kraft er nødvendig for å skape virkeligheten og hvilken kunnskap giveren oppnår ved å gi. Skapningen ønsker kort sagt å forstå skapelsestanken. Dette er et nytt behov, et behov som skaperen ikke har «plantet» i skapningen.

Nå er skapningen blitt en egen og atskilt skapning fra skaperen, en oppdagelsesreisende på jakt etter skapelsestanken. Vi kan se på det på denne måten: Om jeg ønsker å bli som andre, betyr dette nødvendigvis at jeg er klar over at det også finnes noen utenom meg selv, og at andre har noe som jeg ønsker eller som jeg ønsker å bli.

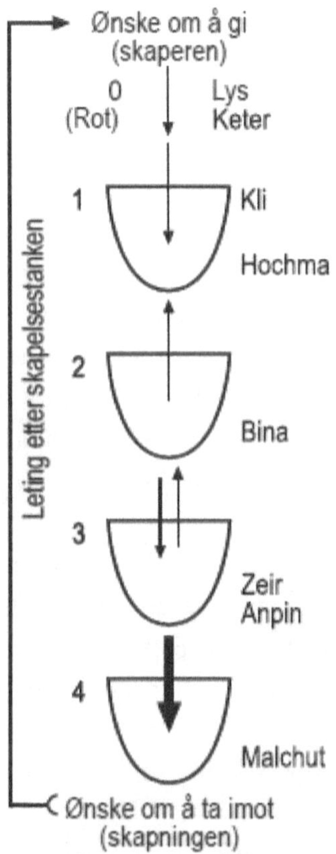


Figur 2: Pilen fra *Malchut* til skaperen viser til *Malchuts* bevissthet på ønsket om å bli lik skaperen.

Jeg forstår med andre ord ikke bare at det finnes andre enn meg, men også at denne andre er forskjellig fra meg. Han er ikke bare forskjellig heller, men også bedre. Hvorfor skulle jeg ellers ønske å bli som han?

*Malchut*, fjerde fase, er veldig ulik de tre første fasene siden den ønsker å få en helt spesiell form for nytelse (derfor vises det med en tykkere pil): Det å være identisk med skaperen. *Malchut*s ønske fullfører skapelsestanken, og den syklusen som skaperen opprinnelig hadde tenkt seg.

Dessverre ser ikke vi verden på samme måte som skaperen. Når vi ser oss rundt, med våre ødelagte, spirituelle briller, er bildet langt fra ideelt. For at et *Kli* (en person) som er helt motsatt av lyset, skal bli identisk med det, må personen bruke sitt ønske om å få med en *intensjon* om å gi. Ved å gjøre dette, vil den endre fokuset sitt fra egen tilfredsstillelse til nytelsen som skaperen får ved å gi. Om disse handlingene blir utført på denne måten, blir *Kli*et også en giver.

Å få for å gi til skaperen ble allerede utført i den tredje fasen. Sammenlignet med skaperens handlinger, har fase tre nå fullført jobben med å bli lik skaperen. Skaperen gir for å kunne gi, og fase tre får for å kunne gi. På denne måten er de identiske.

Den uendelige gleden kommer ikke av å vite hva skaperen gjør og deretter å kopiere hans handlinger, men av å vite *hvorfor*

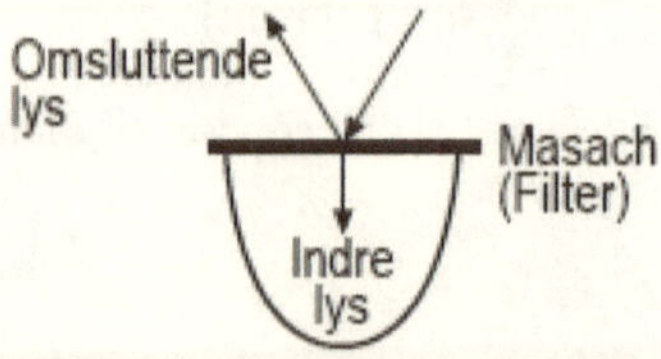


Figur 3: *Masach* er filteret som skiller lyset som skapelsen kan ta imot, *indre lys*, og lyset som man ikke klarer å ta imot, *omsluttende lys*. Det er intensiteten av ønsket om å gi tilbake til skaperen som styrer om man kan ta imot lys eller ikke.

han handler som han gjør og ved å oppnå de samme *tankene* som han. Skaperens tanke, den høyeste delen av skaperverket, blir ikke gitt til skapningen, men må oppnås i fase tre.

Det er en fantastisk sammenheng her. På den ene siden ser det ut som om skaperen og skapningen spiller på hver sin banehalvdel, siden han gir og vi får. Faktum er at hans største glede er at vi skal bli som han, og vår største glede vil være å bli som han. På samme måte ønsker alle barn å bli som sine foreldre, og hver mor og far ønsker naturligvis at deres barn skal oppnå det samme som dem, og aller helst mer.

Det viser seg at skaperen og skapningene faktisk jobber mot det samme målet. Om vi bare kunne forstå dette konseptet, ville livene våre blitt veldig annerledes. I stedet for den forvirringen og rastløsheten som mange av oss opplever i dag, har både vi og skaperen mulighet til å gå sammen mot vårt forutbestemte mål som har eksistert siden skaperverkets oppstandelse.

> *Kabbalister bruker mange uttrykk for å beskrive ønsket om å gi: skaperen, lys, giveren, skapelsestanken, fase null, roten, rotfasen, Keter, Bina og mange flere. På samme måte bruker de mange uttrykk for å beskrive ønsket om å få: skaperverket, mottakeren, Kli, fase en, Hochma og Malchut er et lite utvalg av disse. Uttrykkene refererer til finessen i to karaktertrekk: å gi og å få. Om vi husker dette, vil vi ikke lenger la oss forvirre av alle navnene.*

For å bli som skaperen, en giver, gjør *Kli* to ting. Først slutter det å ta imot, og dette skjer gjennom en handling som heter

*Tzimtzum* (restriksjon). Det stopper lyset, og tillater ikke at det kommer inn i *Kliet*. Vi kan sammenligne det med hvordan vi finner det lettere å unngå å spise noe som er godt og usunt i det hele tatt, enn å tillate oss å spise kun litt av det og la resten ligge igjen. Derfor er det å sette opp *Tzimtzum* det første og letteste skiftet man kan utføre for å bli som skaperen.

Det neste *Malchut* gjør, er å sette opp en mekanisme som undersøker lyset (nytelsen), og bestemmer om det ønsker å ta imot i sitt *Kli*, og i så tilfelle hvor mye. Denne mekanismen kalles *Masach* (filter). Betingelsen for at *Masach* bestemmer hvor mye man skal ta imot, kalles *målet (ønsket) om å gi* (figur 3). Kort sagt kan vi si at *Kli* kun tar inn det lyset som det klarer å motta med en intensjon om å glede skaperen. Lyset som tas imot inni *Kliet* blir kalt *indre lys*, og lyset som blir værende på utsiden kalles *omsluttende lys*.

Mot slutten av korreksjonsprosessen, tar *Kli* imot alt lyset fra skaperen og knytter seg til han. Dette er hele meningen bak skaperverket. Når vi har oppnådd denne tilstanden, vil vi føle det både som individer og som et helhetlig samfunn, siden et helt *Kli* faktisk er bygget opp av ønskene til hele menneskeheten, og ikke bare av ønskene til en person. Når vi fullfører den siste korreksjonen, vil vi bli identiske med skaperen. Fase fire vil bli fullført, og skaperverket vil bli helhetlig fra vår side så vel som hans.

## VEIEN DIT

For å kunne jobbe med oppgaven om å bli identisk med skaperen, må skapningen aller først oppnå det rette miljøet som sikrer riktig utvikling. Dette miljøet blir kalt *virkeligheter*.

I den fjerde fasen ble skapningen delt inn i to deler, øvre og nedre. Den øvre delen består av virkeligheter, og de lavere delene inneholder skapningen. Grovt skissert er disse virkelighetene laget av ønsker der *Masach* har tillatt lyset å komme inn i fase tre, mens skapningene er laget av ønsker der *Masach* ikke tillater lyset å komme inn.

Tidligere i dette kapittelet sa vi at fire-fasemodellen er basisen for alt som finnes. Derfor utvikler virkelighetene seg etter den samme modellen som også ledet skapningen gjennom fasene. Den venstre siden av figur 4 er et bilde av innholdet i den fjerde fasen, og viser delingen mellom øvre og lavere deler. Den øvre delen inneholder virkelighetene, og den nedre delen inneholder skapningen.

## ØVRE OG NEDRE

*Vi vet allerede at skaperverket kun består av én ting: ønsket om å ta imot nytelse og glede. Derfor er ikke øvre og nedre relatert til steder, men til ønsker som vi forholder oss til som øvre og nedre. Høyere ønsker er med andre ord ønsker som vi setter større pris på enn ønsker vi ser på som lavere. Hvert eneste ønske som kan bli brukt for å gi til skaperen i den fjerde fasen tilhører den øvre delen, og hvert eneste ønske som ikke kan brukes på denne måten tilhører den nedre delen.*

*Siden det er fem behovsfaser: uorganisk, organisk, bevegelig, kommuniserende og spirituell, vil ønskene i hver fase bli analysert. De som fungerer skaper*

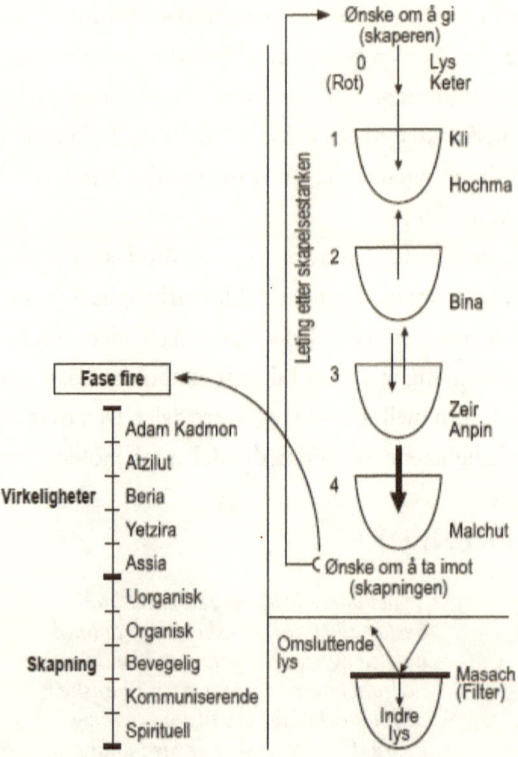


Figur 4: Den venstre siden av figuren fokuserer på *Malchuts* indre struktur, og viser at den er kilden til alle de spirituelle virkelighetene så vel som den materielle verden.

*virkeligheter, mens de som ennå ikke*
*fungerer skaper skapningen.*

La oss gå litt nærmere inn på den fjerde fasen, og hvordan *Masach* fungerer. Fase fire er jo tross alt oss selv, så om vi forstår hvordan den fungerer, lærer vi kanskje også noe om oss selv.

Fase fire, *Malchut*, dukket ikke opp helt uten grunn. Den utviklet seg fra fase tre, som igjen utviklet seg fra fase to og så videre. Abraham Lincoln dukket heller ikke bare plutselig opp som president. Han var først lille baby Abe, vokste deretter opp til å bli et barn, en ungdom og senere en voksen som til slutt ble president. De innledende fasene forsvant likevel ikke. Uten dem ville ikke president Lincoln kunne bli president. Grunnen til at vi ikke kan se dem, er at den mest utviklede fasen alltid dominerer og overskygger den som er mindre utviklet. Den siste og høyeste fasen kjenner likevel alle fasene inni seg, og bruker hele spekteret når den jobber.

Det er derfor vi av og til kan føle oss som barn, spesielt når vi berøres innen områder der vi ikke har utviklet en viss grad av modenhet. Årsaken er ganske enkelt at disse områdene ikke er dekket av et voksent lag, og at våre ømme punkter gjør at vi føler oss like forsvarsløse som om vi var barn.

Denne flerfasestrukturen er det som gjør oss i stand til å bli foreldre selv til slutt. I prosessen med å oppdra barn, bruker vi vår nåværende tilstand sammen med tidligere tilstander: Vi forstår situasjonene som våre barn opplever fordi vi selv har hatt lignende erfaringer, og vi forholder oss til de situasjonene med kunnskapen og erfaringen som vi har opparbeidet oss over flere år.

Årsaken til at vi er skapt på denne måten, er at *Malchut* (for å bruke den mest vanlige betegnelsen) er bygd opp på akkurat samme måte. Alle tilstandene *Malchut* har utviklet seg gjennom over tid, finnes inni den og hjelper til med å opprettholde dens struktur.

For å bli så lik skaperen som mulig, analyserer *Malchut* hver eneste behovsfase inni seg og deler ønskene inn i de som fungerer og de som ikke fungerer. Ønskene som fungerer vil ikke bare bli brukt for å ta imot, for deretter å kunne gi videre til skaperen. De vil også «hjelpe» skaperen med å fullføre sin oppgave med å gjøre *Malchut* lik han.

Om vi blar et par sider tilbake, ble det sagt at for å utføre oppgaven med å bli som skaperen, må skapningen skape det rette miljøet for å utvikle seg i riktig retning. Det er nettopp dette virkelighetene, de fungerende behovene, gjør. De «viser» behovene som ikke fungerer hvordan de skal ta imot for å kunne gi til skaperen, og hjelper slik ønskene som ikke fungerer med å korrigere seg.

La oss se på forholdet mellom virkelighetene og skapningen som en gruppe håndverkere der den ene arbeideren ikke helt vet hva han skal gjøre. Virkelighetene lærer opp skapningen ved å vise hvordan hver eneste oppgave skal utføres, det vil si hvordan man driller, hvordan man bruker en hammer, et vater og så videre. Når det gjelder spiritualitet, viser virkelighetene skapningen hva skaperen har gitt dem, og hva som er den rette måten å jobbe med dette på. Litt etter litt vil skapningen også begynne å bruke sitt ønske på denne måten, noe som er årsaken til at ønskene i vår verden gradvis kommer til overflaten, fra de mildeste til de mest intense.

> *Alt vi har lært så langt, forteller oss likevel ikke hvilken av de fem virkelighetene som er vår egen virkelighet. Svaret er at ingen av dem er vår virkelighet. Husk at det ikke finnes noen «steder» i spiritualitet, kun tilstander. Jo høyere virkeligheten er, jo mer altruistisk er tilstanden den representerer. Årsaken til at vår verden ikke er nevnt noe sted, er*

*at den spirituelle virkeligheten er mer
altruistisk, og at vår verden er, slik som
oss, egoistisk. Siden egoisme er motsatt
av altruisme, vil vår verden være atskilt
fra systemet til den spirituelle virkelig-
heten. Det er derfor kabbalister ikke
nevner vår verden i den strukturen de
har beskrevet.*

*I tillegg er det slik at virkelighetene ikke
eksisterer uten at vi skaper dem gjennom
et ønske om å bli som skaperen. Grun-
nen til at de blir omtalt i fortidsform,
er at kabbalister som har klatret fra vår
verden til de spirituelle virkelighetene
forteller oss om hva de har funnet. Om
vi også ønsker å finne disse spirituelle
virkelighetene, må vi gjenskape dem inni
oss ved selv å bli altruistiske.*

Ønsker blir delt inn på følgende måte: Virkeligheten som
kalles *Adam Kadmon* er den fungerende delen av det uorganiske
nivået, og den lavere delen av det uorganiske nivået, skapelsen,
er den delen som ikke fungerer. Det er faktisk ingenting å kor-
rigere på det uorganiske nivået, siden det ikke beveger seg og
heller ikke bruker sitt ønske. Hele det uorganiske nivået er kun
opphavet til alt som kommer etterpå.

Deretter følger virkeligheten *Atzilut*, som er den fungerende
delen av det organiske nivået. Den lavere delen av det organiske
nivået, skapningen, er den delen som ikke fungerer. *Beria* er vir-
keligheten som fungerer på det bevegelige nivået, og skapningen
er også her den laveste delen og fungerer som sagt ikke. Virke-
ligheten *Yetzira* er den fungerende delen av det kommuniserende
nivået, og skapningen er igjen det som ikke fungerer. Til slutt har

vi verden *Assiya*, som er den fungerende delen av det spirituelle og mest intense nivået av ønskene, og den lavere delen av det spirituelle nivået, skapningen, er selvsagt den delen som ikke fungerer.

Nå kan du se hvorfor alt annet vil bli korrigert dersom vi bare klarer å korrigere menneskeheten. La oss derfor gå nærmere inn på oss mennesker, og hva som skjedde med oss.

## *ADAM HA RISHON* – EN FELLES SJEL

*Adam ha Rishon*, skapningenes felles sjel, er kjernen til alt som skjer. Sjelen er sammensatt av ønsker som dukket opp så snart de spirituelle virkelighetene var bygget opp. Som tidligere nevnt fullfører de fem virkelighetene *Adam Kadmon, Atzilut, Beria, Yetzira* og *Assiya* utviklingen av den øvre delen i fase fire. Den lavere delen trenger likevel fremdeles korrigering.

Sjelen er med andre ord bygget opp av ønsker som ble skapt, men som i utgangspunktet ikke kunne motta lys for å gi tilbake til skaperen. Nå må de, én etter én, komme til overflaten og korrigeres (begynne å fungere) ved hjelp av virkelighetene, ønskene som fungerer.

På samme måte som i den øvre delen av fase fire, er ønskene i den lavere delen delt inn i nivåene uorganisk, organisk, bevegelig og kommuniserende. *Adam ha Rishon* utvikler seg etter de samme nivåene som virkelighetene, og de fire grunnleggende fasene. Adams ønsker er derimot egoistiske og selvsentrerte, og det er derfor han ikke kunne ta imot lys i begynnelsen. Som et resultat av dette har vi som er deler av Adams sjel, mistet følelsen av den helheten og det samholdet som vi ble skapt i.

Vi må derfor forstå hvordan det spirituelle systemet virker. Skaperens ønske er å gi, og det er derfor han skapte oss og holder liv i oss. Ønsket om å få er som sagt selvsentrert av natur og tar imot, mens et ønske om å gi naturlig nok har et utadvendt fokus mot mottakeren. Det er derfor et ønske om å få ikke kan skape, mens skaperen som har et ønske om å gi, derimot har mulighet til å skape hva som helst.

Siden skaperen ønsker å gi, må det som han skaper nødvendigvis ha et ønske om å få, ellers vil han ikke få mulighet til å gi. Han skapte oss derfor med et ønske om å få, og ikke noe annet. Her ligger det et viktig poeng: Det finnes ikke noe annet i oss enn ønsket om å få, og det *skal* heller ikke være noe annet enn dette ønsket. Om vi da tar imot det han gir, vil sirkelen være komplett. Han er lykkelig, og vi vil bli lykkelige. Stemmer virkelig dette?

Ikke helt, dessverre. Om vi kun ønsker å ta imot, så klarer vi ikke å forholde oss til giveren siden det da ikke finnes noe i oss som har et utadvendt fokus som ser hvor alt vi mottar kommer fra. Det viser seg at vi må ha et ønske om å få, men at vi også må *kjenne giveren*. Da trenger vi et ønske om å gi, og derfor har vi fase en *og* fase to.

For at vi skal klare å beholde begge ønskene, er det ikke nødvendig å skape et nytt ønske som ikke opprinnelig var en del av oss fra skaperens side. Vi må heller utelukkende se på gleden vi gir giveren, uavhengig av om vi selv opplever glede eller ikke i denne prosessen. Dette kalles å ha *en intensjon om å gi*, og er både essensen ved korreksjon og det som snur oss mennesker om fra egoister til altruister. Til slutt må vi nevne at så snart vi har oppnådd denne kvaliteten, vil vi kunne knytte oss til skaperen, slik de spirituelle virkelighetene hele tiden har lært oss.

Før vi føler et samhold til skaperen, blir vi sett på som ødelagte deler (ukorrigerte ønsker) av sjelen til *Adam ha Rishon*. Det øyeblikket vi har en intensjon om å gi, blir vi korrigerte og knyttet til hverandre, til skaperen og til hele menneskeheten. Når vi alle er korrigerte, vil vi igjen løfte oss tilbake til det spirituelle nivået vi alle befant oss på før knusingen, til og med høyere enn virkeligheten til *Adam Kadmon*. Vi vil sammen klatre helt opp til skapelsestanken, som kalles *Ein Sof* (ingen ende), siden vår nytelse vil være endeløs og evig.

## KORT SAGT

Skapelsestanken går ut på å gi glede og nytelse ved å lage en skapning som er identisk med skaperen. Denne tanken (lys) skaper et ønske om å motta glede og nytelse.

Ønsket om å ta imot begynner deretter å ønske å gi, siden det å gi er mer likt skaperen og derfor mer ønskelig. Ønsket om å få bestemmer seg deretter for å ta imot, siden det er den eneste måten det kan gi glede tilbake til skaperen på. Deretter får ønsket om å ta imot et behov for å bli kjent med tanken som skapte det, siden det ikke finnes noen større glede enn å vite svaret på alt! Ønsket om å få (skapningen) begynner til slutt å ta imot med en intensjon om å gi, fordi det ved å gi blir mer lik skaperen og slik tillater at man kan studere skaperens tanker.

Disse ønskene som kan ta imot for å gi, skaper virkeligheter som blir sett på som den øvre delen av skaperverket, og ønskene som ikke kan brukes for å gi er sjelen til *Adam ha Rishon*. Disse ønskene utgjør den laveste delen av skaperverket.

Virkelighetene og sjelen blir skapt samtidig, men med ønsker av ulik intensitet. På grunn av dette kan virkelighetene vise sjelen hvordan den skal jobbe for å gi, og slik hjelpe *Adam ha Rishon* til å korrigere seg.

Svært forenklet kan vi si at hvert ønske blir korrigert i en spesifikk virkelighet: Det uorganiske nivået blir korrigert i *Adam Kadmons* virkelighet, det organiske i virkeligheten *Atzilut*, det bevegelige i *Berias* virkelighet og det kommuniserende i virkeligheten *Yetzira*. Ønsket om spiritualitet kan kun bli korrigert i virkeligheten *Assiya*, og dette er den laveste delen som også inneholder vårt fysiske univers. Dette fører oss videre til neste kapittel.

Kapittel 4

# VÅRT UNIVERS

I begynnelsen av det forrige kapittelet skrev vi at skapelsestanken var alt som eksisterte før noe i det hele tatt ble skapt. Denne tanken skapte fasene en til fire av ønsket om å få, som igjen skapte virkelighetene *Adam Kadmon* gjennom *Assiya*. Her ble sjelen til *Adam ha Rishon* dannet, og denne ble deretter splittet og utgjør det enorme antallet sjeler som finnes i dag.

Det er veldig viktig å være oppmerksom på denne skapelses-rekkefølgen, siden den minner oss om at ting utvikler seg ovenfra og ned – fra spiritualitet til verdslighet – og ikke motsatt. Dette betyr i praksis at vår verden er skapt og styrt av spirituelle virkeligheter.

Hver eneste hendelse i vår verden skjer der oppe først. Forskjellen mellom vår verden og de spirituelle virkelighetene, er at hendelser som finner sted i de spirituelle virkelighetene avspeiler altruistiske intensjoner, mens handlinger i vår verden avspeiler de egoistiske.

På grunn av at oppbygningen av virkelighetene går nedover, vil spirituelle hendelser og prosesser gjenspeiles i vår verden, som derfor får navnet *resultatenes virkelighet*. Hva vi enn gjør her, har ingen innvirkning på de spirituelle virkelighetene. Om vi ønsker å endre noe i vår verden, må vi derfor først løfte oss mot den spirituelle virkeligheten, «kontrollrommet» til vår verden, og påvirke vår virkelighet herifra.

# PYRAMIDEN

På samme måte som i de spirituelle virkelighetene, vil alt i vår verden også utvikle seg gjennom de fem fasene fra null til fire. Vår verden er bygget som en pyramide. Nederst finner vi utgangspunktet til utviklingen i denne verden, det uorganiske nivået, som er bygget opp av en masse på flere billioner tonn, se figur 5.

Midt i denne enorme massen finner vi en liten prikk som heter «jorden». På denne planeten dukket det etter hvert også opp et organisk nivå. Omfanget av vegetasjonen på jorden er naturlig nok mye mindre enn massen til den uorganiske massen vi finner her, og ikke minst sammenlignet med mengden av masse i hele universet.

Deretter ble det bevegelige nivået dannet, og dette nivået omfatter en mye mindre masseandel sammenlignet med den organiske igjen.

Det kommuniserende nivået kom selvsagt til slutt, og inneholder minst masse av alle.

I det siste har det utviklet seg et nytt nivå ut i fra det kommuniserende nivået. Det blir kalt *det spirituelle nivået* eller *spiritualitet* (siden vi her snakker om geologiske tidsepoker, betyr «i det siste» at det skjedde for kun et par tusen år siden). Vi har i utgangspunktet ikke mulighet til å forstå omfanget av skaperverket, men ved å studere pyramiden over skapelsen (figur 5) og proporsjonene mellom hvert av lagene, begynner vi likevel å

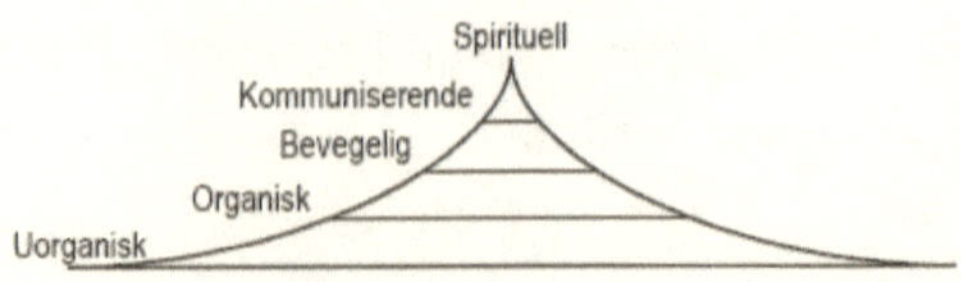



Figur 5: Pyramiden til virkeligheten samsvarer med pyramiden til ønskene. Den gjelder både i de spirituelle virkelighetene, så vel som i den materielle.

forstå hvor spesielt og nytt ønsket om spiritualitet faktisk er. Om vi tenker på hvor lenge universet har eksistert (ca. 15 milliarder år), og gjør denne perioden om til én eneste dag med 24 timer, så dukket ønsket om spiritualitet opp for 0,0288 sekunder siden. I geologisk terminologi er denne tiden nå.

På den ene siden er det slik at jo høyere et ønske befinner seg på den spirituelle stigen, jo sjeldnere (og yngre) er det. På den andre siden indikerer eksistensen av et spirituelt nivå over det menneskelige som vi befinner oss på i dag, at vi ikke har fullført utviklingen vår. Utviklingen er mer intens enn noensinne, men siden vi er det siste nivået som ble skapt, tenker vi naturligvis selv at vi er toppnivået. Det er for så vidt riktig, men vi har likevel ikke utviklet oss til det høyeste nivået av det som er vårt potensial. Foreløpig er vi bare det siste av de allerede eksisterende nivåene.

Det høyeste nivået kommer til å benytte kroppene våre som vertskap, og vil bestå av helt nye tenkesett, følelser og væremåter. Dette holder allerede på å utvikle seg i oss, og blir kalt *det spirituelle nivået*.

Det er ikke nødvendig med fysiske endringer eller nye arter, men vi trenger en indre forandring når det gjelder vår oppfattelse av verden. Derfor er den neste fasen meget omfattende: Alt finnes inni oss, lagret i våre *Reshimot* som data på en harddisk. Denne datainformasjonen vil bli lest og utført uavhengig av om vi er bevisst på det eller ikke, men vi kan lese og utføre datainformasjon mye raskere og på en hyggeligere måte om vi leser med den riktige «programvaren»: læren om kabbala.

## SOM OVER, SÅ UNDER

Om vi sammenligner de jordiske fasene og de grunnleggende lysfasene i den spirituelle virkeligheten, så vil den uorganiske fasen korrespondere med rotfasen, den organiske med fase en, den bevegelige med fase to og den kommuniserende med fase tre. Til slutt har vi den spirituelle fasen som tilsvarer fase fire.

Jordens brennende ungdom varte i flere milliarder år. Da det roet seg ned, dukket det opp organisk liv som styrte planeten gjennom flere millioner år. På samme måte som det organiske nivået på den spirituelle pyramiden er mye mindre omfattende enn det uorganiske, var også den organiske perioden i den fysiske verden kortere enn jordens uorganiske periode.

Da den organiske perioden var fullført, begynte den bevegelige perioden. Akkurat som ved de to foregående nivåene, var den bevegelige tidsepoken mye kortere enn den organiske, tilsvarende proporsjonene mellom det organiske og det bevegelige nivået i den spirituelle pyramiden.

Den menneskelige fasen, som tilsvarer det kommuniserende nivået i den spirituelle pyramiden, har kun eksistert de siste 40 000 årene. Når menneskeheten fullfører sitt potensial på det fjerde (og siste) nivået, vil utviklingen være komplett og menneskeheten vil gjenforenes med skaperen.

Den fjerde fasen begynte for ca. fem tusen år siden, da punktet i hjertet først oppstod. På samme måte som i den spirituelle verden, het mannen som først oppdaget dette punktet Adam, nærmere bestemt *Adam ha Rishon* (den første mann). Navnet Adam kommer fra de hebraiske ordene *Adam Elyon* (Jeg vil være lik den øverste), og reflekterer Adams ønske om å bli som skaperen.

I disse dager, på begynnelsen av 2000-tallet, fullføres utviklingen av det fjerde nivået: ønsket om å bli lik skaperen. Det er derfor flere og flere mennesker i dag leter etter spirituelle svar på sine spørsmål.

## OPPOVER STIGEN

Når kabbalister snakker om at spiritualitet utvikler seg, mener de det å klatre oppover den spirituelle stigen. Det er derfor kabbalisten Yehuda Ashlag kalte sin kommentar til boken *Zohar* for *Perush HaSulam* (*The Ladder Commentary*). På grunn av dette verket fikk han selv navnet *Baal HaSulam* (Eieren av Stigen). Om vi ser et par sider tilbake, ser vi at *oppover stigen* faktisk betyr *tilbake til røttene*. Det er fordi vi allerede har vært på det høyeste nivået av stigen tidligere, og nå selv må finne ut hvordan vi skal komme oss tilbake til dette nivået.

Roten er vårt endelige mål, og det er hit vi må rette oppmerksomheten. For å komme dit fort og uten forstyrrelser, trenger vi et sterkt ønske om det, et *Kli*. Et slikt ønske om spiritualitet kan kun komme fra lyset til skaperen, og for å bli sterkt nok må det intensiveres gjennom miljøet vi befinner oss i.

La oss forklare dette litt nærmere: Om jeg har lyst på et kakestykke, ser jeg for meg kaken i hodet mitt: både konsistensen, utseendet, fargen, søtsmaken og måten den smelter i munnen min på. Jo mer jeg tenker på kaken, jo mer ønsker jeg den. Kabbala ville sagt at «kaken skinner» for meg med *det omsluttende lyset*.

For å ønske spiritualitet, må vi derfor oppnå den type omsluttende lys som gjør at vi ønsker spirituelle gleder. Jo mer vi klarer å samle av dette lyset, jo fortere vil vi utvikle oss. Å ønske spiritualitet kalles å *reise MAN*, og metoden for å oppnå dette er den samme som når du øker ønsket om kaken: Se den for deg, snakk om den, les om den, tenk på den og gjør alt du kan for å fokusere på den. Det mest virkningsfulle middelet for å intensivere ethvert ønske, er likevel vårt sosiale nettverk. Vi kan bruke våre omgivelser for å øke vårt spirituelle ønske, vårt *MAN*, og slik øke farten på utviklingen vår.

> *Er det forskjell på lyset som vi kaller omsluttende lys og vanlig lys?*
>
> *De ulike navnene, omsluttende lys og lys henger sammen med to funksjoner av det samme lyset. Lys som ikke blir sett på som omsluttende, er det vi opplever som nytelse. Det omsluttende lyset er imidlertid lyset som bygger vårt Kli, beholderen som lyset endelig kan få komme inn i. Begge er deler av samme lys, men når vi opplever det som korrigerende og oppbyggende kaller vi*

*det omsluttende lys. Når vi opplever det*
*som ren nytelse, kaller vi det bare lys.*

*Før vi utvikler Kli, er det helt naturlig at*
*vi ikke mottar noe lys. Lyset er der like-*
*vel, og omslutter våre sjeler på samme*
*måte som naturen alltid omslutter oss.*
*Når vi da ikke har Kli i utgangspunktet,*
*bygger det omsluttende lyset Kli for oss*
*ved å øke vårt ønske om det.*

Vi kommer til å omtale miljøet og viktigheten av dette nærmere i kapittel seks. Foreløpig kan vi si det slik: Om alle rundt oss ønsker og snakker om den samme tingen, og det kun er én ting som er populært, så er jeg forpliktet til å ønske dette selv også.

I kapittel to sa vi at når *Kli*, et ønske, dukker opp, tvinger det hjernene våre til å lete etter en måte å fylle *Kli* med *Ohr* (lys) på for å tilfredsstille det. Styrken på lyset øker proporsjonalt med størrelsen på vårt *Kli*, og økt styrke medfører også at farten på vår spirituelle utvikling tiltar.

Vi trenger nå å forstå hvordan det omsluttende lyset bygger vårt *Kli*, og hvorfor vi kaller det for *lys*. Da må vi først forstå begrepet *Reshimot*.

De spirituelle virkelighetene og sjelen til *Adam ha Rishon* utviklet seg i en viss rekkefølge. I det spirituelle ble rekkefølgen *Adam Kadmon, Atzilut, Beria, Yetzira* og *Assiya*. I *Adam ha Rishon* ble utviklingen oppkalt etter hvilke typer ønsker som dukket opp – uorganiske, organiske, bevegelige, kommuniserende og spirituelle.

På samme måte som vi aldri glemmer barndommen vår og bygger våre nåværende erfaringer på disse tidligere hendelsene, vil hvert eneste skritt i utviklingsprosessen tilbake til det spirituelle bevares og registreres i vårt ubevisste *spirituelle minne*. Inni oss finner vi derfor hele historien til vår spirituelle utvikling, fra den tiden vi var ett med skapelsestanken og helt fram til i dag. Å klatre oppover den spirituelle stigen betyr ganske enkelt at vi husker igjen de tilstandene vi har opplevd tidligere, og at vi avdekker disse minnene.

Minnene har det treffende navnet *Reshimot* (minner), og hvert *Reshimo* (entall av *Reshimot*) står for én spesifikk, spirituell tilstand. Siden vår spirituelle utvikling følger en bestemt rekkefølge, kommer også hvert *Reshimo* til overflaten i oss etter nøyaktig den samme rekkefølgen. Siden vi ikke skaper noe nytt, er våre framtidige tilstander med andre ord allerede fastlagt. Vi minnes kun handlinger som vi allerede har vært gjennom, men som vi ikke er bevisste på. Det eneste vi kan bestemme, og dette vil du få en nærmere forklaring på i de neste kapitlene, er hvor fort vi kan klatre oppover stigen. Jo hardere vi jobber for å klatre, jo fortere vil disse tilstandene endre seg og vår spirituelle framgang være.

Hvert *Reshimo* er fullført når vi har opplevd det fullt ut, og som en kjedereaksjon er det slik at når ett *Reshimo* avsluttes, vil det neste stå klart til å vise seg. Det *Reshimo* som står klart når det nåværende har tatt slutt, skapte opprinnelig det *Reshimo* som vi nå gjennomgår. Siden vi denne gang går i motsatt retning og klatrer oppover stigen igjen, vil det nåværende *Reshimo* vekke sin opprinnelige skaper. Vi bør derfor aldri se fram til at vår nåværende tilstand skal gå over slik at vi kan slappe av, for den vil lede oss direkte over i den neste i rekken helt til vi har fullført vår korreksjon.

Når vi prøver å bli altruistiske (spirituelle), kommer vi nærmere vår korrigerte tilstand fordi vi da vekker våre *Reshimot* raskere. Siden disse *Reshimot* er minner om tidligere spirituelle opplevelser, vil følelsene de skaper i oss være spirituelle følelser.

I denne tilstanden begynner vi svakt å kjenne følelsen av samhold, kjærlighet og at vi alle er knyttet til hverandre, nesten som et svakt, fjernt lys. Jo mer innsats vi legger i å strekke oss mot det, jo nærmere kommer vi og jo sterkere vil det skinne. Et sterkt lys gir et tilsvarende sterkt ønske. Slik bygger lyset vårt *Kli*, vårt ønske om spiritualitet.

Nå ser vi også at navnet *omsluttende lys* perfekt beskriver hvordan vi føler det. Så lenge vi ikke har oppnådd det, vil vi oppleve lyset som noe eksternt som tiltrekker oss med sin blendende lovnad om nytelse.

Hver gang lyset bygger et *Kli* som er stort nok til å ta oss videre til det neste nivået, dukker det neste *Reshimo* opp og et nytt ønske utvikles inni oss. Vi vet ikke hvorfor ønskene våre endrer seg, fordi de alltid er en del av *Reshimot* som befinner seg på et høyere nivå enn vårt nåværende, selv om det ikke alltid oppleves slik.

Akkurat som det forrige *Reshimo* kom til overflaten og førte oss til vår nåværende tilstand, vil et nytt ønske nå nærme seg med bakgrunn i enda et nytt *Reshimo*. Slik fortsetter vi å klatre oppover stigen i en spiral av *Reshimot* og nye trinn som ender ved meningen med skaperverket, selve roten til våre sjeler når vi har oppnådd likhet og samhold med skaperen.

# ET ØNSKE OM SPIRITUALITET

*Hver mann sin fornøyelse*

*Den eneste forskjellen som finnes mellom mennesker, er måten de ønsker å oppleve nytelse på. Nytelsen i seg selv er likevel strukturløs, uhåndterlig og uoppnåelig. Ved å kle den inn i ulike «lag» eller «dekker», skaper det en illusjon om at det finnes ulike typer nytelse, mens det faktisk bare eksisterer ulike typer med dekningslag.*

*Det faktum at nytelse i hovedsak er spirituell, forklarer hvorfor vi har en ubevisst dragning mot å erstatte den overflatiske innkledningen av nytelsen med ønsket om å føle den i sin rene, plettfrie form: skaperens lys.*

*Siden vi ikke er klar over at forskjellen mellom menneskene ligger i de innkledde lagene av nytelse som de ønsker seg, så dømmer vi dem i henhold til kledningene de foretrekker. Vi anser enkelte kledninger som akseptable, slik som kjærlighet for barn, mens andre, for eksempel bruk av narkotiske stoffer, blir ansett som uakseptable. Når vi føler at en uakseptabel innkledning av ønsket dukker opp i oss, blir vi tvunget til å skjule vårt ønske for denne innkledningen. Å skjule et ønske gjør likevel ikke at det forsvinner, og det korrigerer det i alle fall ikke.*

Vi forklarte tidligere at det er den lavere delen av fase fire som er substansen til sjelen *Adam ha Rishon*. Virkelighetsnivåene er bygget opp i henhold til de økende ønskene, og på samme måte utviklet Adams sjel (menneskeheten) seg gjennom fem faser: null (uorganisk) til fire (spirituell).

Menneskeheten opplever hver eneste nye fase som dukker opp maksimalt, helt til den bruker seg selv opp. Da dukker det neste behovsnivået opp i henhold til rekkefølgen av *Reshimot* som ligger innebygget i oss. Fram til i dag har vi alt opplevd alle *Reshimot* av samtlige ønsker fra det uorganiske til det kommuniserende nivået. Alt som gjenstår for å fullføre menneskets utvikling, er for oss å oppleve det siste nivået av de spirituelle ønskene fullt ut. Da vil vårt samhold med skaperen være oppnådd.

Ønsket på det femte nivået begynte å komme til overflaten helt tilbake på 1500-tallet, i følge kabbalisten Isaac Luria (*Ari*). Det vi i dag opplever, er den mest intense formen av nivå fem, det spirituelle inni det spirituelle. Vi er også vitne til at det dukker opp over alt, siden millioner av mennesker verden over søker spirituelle svar på sine spørsmål.

Siden *Reshimot* som kommer til overflaten i dag er nærmere spiritualitet enn de var tidligere, opplever vi at menneskets største og viktigste spørsmål dreier seg om hvor de kommer fra og hva som er deres røtter! Selv om de fleste har tak over hodet og tjener bra nok til å ta vare på seg selv og sine familier, har de likevel spørsmål om hvor de kommer fra, hvem som har skapt vår verden og hvorfor vi er skapt. Når de ikke er fornøyd med svarene som religionene tilbyr, søker de andre steder.

Den viktigste forskjellen mellom fase fire og de andre fasene, er at vi i denne fasen må utvikle oss *bevisst*. I de tidligere fasene var det alltid naturen som presset oss til å flytte oss fra nivå til nivå. Ved å presse oss så pass mye at vi føler det ukomfortabelt å bli værende i vår nåværende tilstand, blir vi tvunget til å endre den. Det er slik naturen utvikler seg innenfor alle sine områder: menneskene, dyrene, det organiske og til og med det uorganiske.

Siden vi fra naturens side er late, vil vi kun bevege oss fra én tilstand til en annen når presset blir uutholdelig, ellers ville vi aldri ha løftet en finger. Logikken er enkel: Om jeg har det bra der jeg er, hvorfor skal jeg da ta bryet med å bevege meg?

Naturen har likevel en annen plan. I stedet for å tillate at vi forblir fornøyde i vår nåværende tilstand, ønsker den at vi utvikler oss helt til vi når dens eget nivå, nemlig skaperens nivå. Dette er meningen med livet!

Vi har dermed to valg: Vi kan velge å utvikle oss gjennom naturens (smertefulle) press, eller vi kan utvikle oss smertefritt ved å selv delta i utviklingen av vår bevissthet. Å forbli uutviklet er ikke et alternativ, siden det ikke passer med det som var naturens plan når den skapte oss.

Når vårt spirituelle nivå begynner å utvikle seg, kan dette kun skje om vi *ønsker* å utvikle oss og å oppnå de samme betingelsene som skaperen har. Akkurat som i fase fire, blir vi nå bedt om å *frivillig* endre vårt ønske.

Derfor vil naturen fortsette å presse oss til vi forstår hva vi må gjøre. Vi vil fortsatt rammes av stormer, jordskjelv, epidemier, terrorisme og all mulig annen naturlig og menneskeskapt motgang helt til vi forstår at vi *må* endre oss og at vi bevisst må finne tilbake til røttene våre.

Vi kan ta et lite tilbakeblikk: Våre spirituelle røtter utviklet seg gjennom fasene null til fire. Fase fire delte seg i virkeligheter (den øvre delen) og sjeler (den nedre delen). Sjelene som var samlet i én felles sjel, *Adam ha Rishon*, brøt dette samholdet, og mistet dermed følelsen av å være ett med skaperen. Denne splittelsen av *Adam ha Rishon* førte menneskeheten til sin nåværende tilstand, der det finnes en usynlig grense som skiller de spirituelle virkelighetene (over den) fra vår verden (under).

Under grensen skapte den spirituelle kraften en materiell partikkel som begynte å utvikle seg. Det er det vi i dag kaller Big Bang.

Husk at når kabbalister snakker om den spirituelle virkeligheten og den materielle, fysiske verden, refererer de henholdsvis til altruistiske og egoistiske egenskaper. De snakker *aldri* om virkeligheten som tar opp fysisk plass i et uoppdaget univers.

Vi kan for eksempel ikke hoppe på et romskip og fly til virkeligheten *Yetzira*, eller oppdage spiritualitet ved å endre vår oppførsel. Kun ved å bli altruistisk, lik skaperen, vil vi oppleve den. Når vi gjør dette, vil vi oppdage at skaperen allerede finnes inni oss og at han alltid har vært der og ventet på oss.

Alle nivåene forut for det aller siste utvikler seg uten bevissthet om seg selv. Når det gjelder vår egen bevissthet, betyr ikke det faktum at vi eksisterer at vi også er *bevisste* på vår eksistens. Før vi når det fjerde nivået, kan vi knapt si at vi eksisterer. Vi lever med andre ord våre liv så komfortabelt som mulig, og vi tar vår eksistens for gitt uten i det hele tatt å spørre om meningen bak det hele.

Er det virkelig så enkelt? Mineraler finnes for at planter skal få næring fra dem og vokse, og planter eksisterer slik at dyr kan få næring fra dem og vokse. Mineraler, planter og dyr finnes for at menneskene igjen skal få næring fra dem og vokse. Er dette hele meningen med den menneskelige eksistens? Alle nivåene tjener oss, men hvem tjener så vi? Oss selv? Våre egoer? Når vi først stiller oss disse spørsmålene, er dette begynnelsen på vår bevisste utvikling, selve tilsynekomsten av ønsket om spiritualitet. Dette kalles *punktet i hjertet.*

I løpet av det siste utviklingsnivået begynner vi å forstå prosessen som vi er en del av. Vi begynner med andre ord å tilegne oss naturens logikk. Jo mer vi forstår av denne logikken, jo mer utvider vi vår bevissthet og jo mer integrerer vi oss med naturen. Når vi til slutt forstår naturens logikk fullt ut, vil vi se hvordan naturen fungerer og til og med lære oss å styre den. Denne prosessen oppstår kun på det siste nivået, nivået for spirituell utvikling.

Vi må alltid ha i tankene at det siste nivået av vår menneskelige utvikling må omdannes bevisst. Det er også viktig å vite at vi må ha et ønske om dette, for uten et eksplisitt ønske om spirituell vekst, vil ikke utvikling oppstå i det hele tatt. Den spirituelle evolusjonen ovenfra og nedover har allerede skjedd. Vi er blitt ført nedover gjennom de fire lysnivåene til de fem spirituelle virkelighetsnivåene *Adam Kadmon, Atzilut, Beria, Yetzira* og *Assiya,* og endte til slutt opp i denne verden.

Når vi nå skal begynne å klatre oppover igjen langs den spirituelle stigen, må vi aktivt *velge* å gjøre dette. Vi må huske at meningen med skaperverket er å bli identisk med skaperen, ellers vil vi ikke forstå hvorfor naturen ikke hjelper oss, og hvorfor den til og med lager hindringer langs veien for oss.

Dersom vi på den andre siden kun fokuserer tankene på naturens mål, føler vi at våre liv blir som en fascinerende oppdagelsesreise, en spirituell skattejakt. Jo mer krefter vi legger ned i vår *Tour-de-Life*, jo fortere og lettere vil disse oppdagelsene komme. Prøvelsene vil også etter hvert oppfattes som spørsmål som vi må finne svar på, i stedet for prøvelser som vi må ta oss av i våre fysiske liv. Det er derfor utvikling gjennnom vår egen bevissthet er mye bedre enn å utvikle oss kun på grunn av at naturen gir oss et smertefullt dytt bakfra!

Har vi et ønske om å utvikle oss spirituelt, vil vi også ha et riktig *Kli* for det, og det finnes ikke en bedre følelse enn et fylt *Kli*, et oppfylt ønske.

Ønsket om spiritualitet må likevel komme før lyset kan gi oss spirituell nytelse. Å forberede *Kli* for lyset er ikke bare den eneste metoden for å løfte seg til det fjerde nivået: Det er også den eneste metoden der smerte eller savn ikke er involvert.

Om vi tenker oss om, så finnes det ikke noe mer naturlig enn å først forberede et *Kli*. Dersom jeg ønsker å drikke vann, vil vann bli mitt lys og min nytelse. For å drikke vann, må jeg naturligvis forberede et *Kli* først, som i dette tilfellet vil være tørsten. Det samme gjelder for alt vi ønsker å motta i denne verden. Om en ny bil er mitt lys, da er mitt ønske om den også mitt *Kli*. Et slikt *Kli* får meg til å jobbe for bilen, og sikrer at jeg ikke sløser bort pengene mine på andre innfall.

Den eneste forskjellen mellom et spirituelt *Kli* og et fysisk ønske, er at jeg i et spirituelt *Kli* ikke helt vet hva jeg ønsker å motta. Jeg kan se for meg alle mulige ting, men siden det er en sperre mellom min nåværende tilstand og ønsket som jeg prøver å oppfylle, kan jeg aldri helt vite hva målet mitt er før jeg faktisk har oppnådd det. Når jeg så mottar det, er det større enn alt jeg noensinne kunne forestille meg i min villeste fantasi. Jeg vil likevel aldri vite sikkert hvor stort det er før jeg faktisk har oppnådd det. Om jeg visste hva som ville bli min belønning fra starten av, ville jeg ikke klart å opparbeide reell altruisme, men egoisme som var tildekket.

## KORT SAGT

Den fysiske verden utvikler seg i den samme nivårekkefølgen som de spirituelle virkelighetsnivåene (uorganisk, organisk, bevegelig, kommuniserende og spirituelt), og skaper ønskene i virkelighetsnivåene *Adam Kadmon, Atzilut, Beria, Yetzira* og *Assiya*. I den fysiske verden skaper de mineraler, planter, dyr, mennesker og mennesker med *punktet i hjertet*.

Den fysiske verden ble skapt da sjelen *Adam ha Rishon* ble knust. I den tilstanden begynte alle ønskene å oppstå én etter én, fra de svakeste til de sterkeste, fra uorganiske til spirituelle, og skapte slik vår verden fase for fase.

I dag, på begynnelsen av 2000-tallet, er alle nivåene fullført, bortsett fra ønsket om spiritualitet som kommer mer og mer til overflaten. Når vi korrigerer det, vil vi oppleve samhold med skaperen siden vårt ønske om spiritualitet egentlig er et ønske om å knytte oss til han. Dette vil bli høydepunktet i utviklingsprosessen til verden og menneskeheten.

Når vi øker vårt ønske om å finne tilbake til våre spirituelle røtter, bygger vi et spirituelt *Kli*, og det omsluttende lyset korrigerer og utvikler det. Hvert nye utviklingsnivå skaper et nytt

*Reshimo*, et minne om en tidligere tilstand som vi allerede har erfart da vi var mer korrigerte. Til slutt korrigerer det omsluttende lyset hele *Kliet*, og sjelen til *Adam ha Rishon* har igjen samlet alle sine ulike deler og knyttet seg til selve skaperen.

Denne prosessen fører til et viktig spørsmål: Om *Reshimot* finnes som minner i meg, og om tilstandene også vil vekkes og oppleves inni meg, hvor er da den objektive virkeligheten midt oppi alt dette? Om en annen person har andre *Reshimot*, betyr det at han eller hun lever i en annen virkelighet enn meg? Hva med de spirituelle virkelighetsnivåene? Hvor eksisterer de, om alt kun finnes inni meg? Hvor bor skaperen? Om du fortsetter å lese vil det neste kapittelet gi deg svar på alle disse spørsmålene.

Kapittel 5

# HVEM KJENNER DEN REELLE VIRKELIGHETEN?

*Alle virkeligheter, både de øvre og de lavere, finnes inni oss.*

~ *Yehuda Ashlag*

Kabbala tar for seg mange overraskende begreper, men ingen av dem er så uforutseende, ufornuftige og likevel så dype og fascinerende som forestillingen om virkeligheten. Einstein og kvantefysikken revolusjonerte måten vi så på virkeligheten på. Om det ikke var for han, ville ideene som blir presentert her glatt blitt ledd av og avfeid.

I det forrige kapittelet sa vi at utvikling oppstår fordi vårt ønske om å ta imot nytelse utvikler seg fra den grunnleggende til den fjerde fasen. Om ønskene våre står bak utviklingen av verden, kan da virkeligheten faktisk eksistere utenfor oss selv, eller kan det være at verden rundt oss kun er et eventyr som vi *ønsker* å tro på?

Vi har forklart at skapelsen startet fra skapelsestanken, som skapte de fire grunnleggende lysnivåene. Disse nivåene inkluderer ti *Sefirot*: *Keter* (nivå null), *Hochma* (nivå en), *Bina* (nivå to), *Hesed, Gevura, Tifferet, Netzah, Hod* og *Yesod* (alle disse finnes på nivå tre, *Zeir Anpin*) og *Malchut* (nivå fire).

Boken *Zohar*, boken som alle kabbalister studerer, sier at hele virkeligheten kun består av ti *Sefirot*, og at alt er bygd opp av deres struktur. Det eneste som skiller dem er hvor dypt de går inn i vår indre kjerne: vårt ønske om å få.

For å forstå hva kabbalister mener med uttrykket «de går inn i vår indre kjerne», kan man tenke på en form, for eksempel en ball, som blir presset inn i en klump med modelleire. Formen representerer gruppen med de ti *Sefirot*, og modelleiren er et bilde på oss mennesker, eller rettere sagt våre sjeler. Selv om man presser ballen dypt inn i modelleiren, vil ikke ballen i seg selv endre seg. Jo dypere ballen forsvinner inn i modelleiren, jo mer forandres derimot selve leiren.

Hvordan føles det når deltagerne består av en gruppe med ti *Sefirot* og en sjel? Har du noen gang plutselig lagt merke til noe som alltid har vært der, men som likevel ikke har fått din oppmerksomhet tidligere? Dette er akkurat som følelsen av de ti *Sefirot* som synker litt og litt dypere inn i ønsket om å få. Kort oppsummert kan vi si at når vi plutselig forstår noe som vi ikke har forstått før, er det fordi de ti *Sefirot* har trengt litt dypere inn i oss.

Kabbalister har enda et ord for ønsket om å ta imot: *Aviut*. *Aviut* betyr egentlig tykkelse, ikke ønske. De bruker likevel dette uttrykket, siden et ønsket om å få som vokser og blir større, legger flere og flere lag til seg selv.

Ønsket om å få består som sagt av fem grunnleggende nivåer, 0-1-2-3-4. Når de ti *Sefirot* trenger dypere inn i nivåene (lagene) til *Aviut*, former de en rekke ulike kombinasjoner eller krysninger av ønsket om å få med ønsket om å gi. Disse kombinasjonene skaper alt som finnes: de spirituelle virkelighetene, den materielle verden og alt som finnes i dem.

Våre oppfattelsesverktøy, kalt *Kelim* (flertall for *Kli*) blir skapt av de ulike variasjonene i vår indre kjerne (ønsket om å få). Hver form, farge, lukt, tanke og alt annet som eksisterer, er med andre ord her fordi et riktig *Kli* for å oppfatte det finnes inni meg.

På samme måte som våre hjerner bruker bokstavene og alfabetet for å studere hva vår verden har å tilby, bruker våre *Kelim* de ti *Sefirot* for å studere hva den spirituelle verden tilbyr. Siden vi studerer vår verden med visse restriksjoner og regler, trenger vi også samtidig å kjenne til reglene som former de spirituelle virkelighetene.

Når vi studerer noe i den fysiske verden, må vi følge visse regler. For at noe skal bli sett på som sant, må det for eksempel kunne testes empirisk. Om tester viser at det fungerer på en bestemt måte, blir dette vurdert som riktig helt til noen beviser at det ikke fungerer slik likevel. Bevismaterialet må dokumenteres gjennom tester og ikke bare ord, for før noe er testet er det ikke annet enn en teori.

De spirituelle virkelighetene har begrensinger også, nærmere bestemt tre ulike begrensinger. Om vi ønsker å oppnå meningen med skaperverket og bli som skaperen, må vi forholde oss til disse begrensingene.

# TRE BEGRENSINGER FOR Å LÆRE KABBALA

## FØRSTE BEGRENSING – HVA VI OPPFATTER

I boken sin, *Preface to the Book of Zohar*, skriver kabbalisten Yehuda Ashlag at det finnes fire oppfattelseskategorier: materie, materiens form, abstrakt form og essens. Når vi studerer den spirituelle naturen, er det vår jobb å bestemme hvilke av disse kategoriene som gir oss solid, pålitelig informasjon og hvilke som ikke gjør det.

Boken *Zohar* har valgt å kun forklare de to første. Hvert eneste ord er derfor skrevet ut fra perspektivet om materie og materiens form, og ikke ett eneste ord omhandler abstrakt form eller essens.

## ANDRE BEGRENSING – HVOR VI OPPFATTER

Som vi har sagt tidligere, blir den indre kjernen i de spirituelle virkelighetene kalt *sjelen til Adam ha Rishon*. Ut i fra denne sjelen ble de spirituelle virkelighetsnivåene skapt. Vi har likevel allerede passert skapelsen av disse virkelighetene og er på vei opp til høyere nivåer, selv om det ikke alltid føles slik.

I vår tilstand har Adams sjel allerede blitt knust i tusen biter. *Zohar* lærer oss at de fleste delene, 99 % for å være helt nøyaktig, ble delt opp i virkelighetsnivåene *Beria*, *Yetzira* og *Assiya* (*BYA*), og den siste gjenstående delen ble til *Atzilut*.

Siden det er Adams sjel som utgjør virkelighetsnivåene *BYA*, og vi alle er knuste biter av denne sjelen, vil alt vi oppfatter kun være deler av disse tre virkelighetsnivåene. Alt som kjennes ut som om det kommer fra høyere virkelighetsnivåer enn *BYA*, som *Atzilut* og *Adam Kadmon*, er derfor ufullstendig for oss, selv om det kanskje ikke føles slik. Alt vi kan oppfatte av virkelighetsnivåene *Atzilut* og *Adam Kadmon* er deres speilbilde, siden vi ser dem gjennom filtrene i virkelighetsnivåene *BYA*.

Vår verden er på det laveste nivået av *BYA*. Dette nivået har en natur som er helt motsatt av resten av de spirituelle virkelighetsnivåene, og det er derfor vi ikke kjenner dem. Det er som to personer som står med ryggen til hverandre, og deretter går hver sin vei. Hva er sjansen for at de to noen gang skal få treffe hverandre?

Når vi korrigerer oss selv, opplever vi at vi allerede lever innenfor virkelighetsnivåene *BYA*. Til slutt vil vi til og med løfte oss sammen med dem til de nye nivåene, *Atzilut* og *Adam Kadmon*.

## TREDJE BEGRENSING – HVEM OPPFATTER?

Selv om *Zohar* detaljert beskriver innholdet i hvert virkelighetsnivå og hva som skjer der som om det er et fysisk sted disse tingene oppstår, refererer den kun til sjelens erfaringer. Den forholder seg med andre ord til hvordan kabbalister *oppfatter ting*, og forteller oss at alle kan få oppleve dem. Når vi leser i *Zohar* om hendelser i virkelighetsnivåene *BYA*, lærer vi derfor hvordan Rabbi Shimon Bar Yochai (forfatteren av *Zohar*) oppfattet spirituelle tilstander.

Det er også slik at når kabbalister skriver om virkelighetsnivåene over *BYA*, skriver de ikke spesifikt om disse virkelighetene, men om hvordan *forfatterne* oppfattet dem mens de befant seg på disse nivåene. Siden kabbalister skriver om sine personlige erfaringer, vil vi finne både likheter og ulikheter i kabbalistiske tekster. Deler av det de skriver, forholder seg til den generelle strukturen i virkelighetsnivåene, slik som navnene til *Sefirot* og virkelighetsnivåene. Andre ting forholder seg til personlige erfaringer som de gjorde seg i disse virkelighetene.

Om jeg for eksempel fortalte en venn om mitt besøk i New York, ville jeg kanskje snakket om Times Square eller de fantastiske broene som knytter Manhattan til fastlandet. Jeg kan også velge å fortelle om hvor overveldet jeg ble da jeg kjørte over den massive Brooklyn Brigde, og hvordan det føltes å stå midt på Times Square, helt oppslukt av den blendende forestillingen av lys, farger og lyder, og likevel føle seg helt anonym. Forskjellen mellom de to første eksemplene og de siste to er at i den siste delen forteller jeg om personlige erfaringer, og i de første to snakker jeg om inntrykkene som alle vil møte når de er på Manhattan, selv om alle likevel vil oppleve dem ulikt.

> *Det er viktig å huske at Zohar ikke må oppfattes som en samling av mystiske handlinger eller eventyr. Zohar, som alle andre kabbalistiske bøker, bør brukes som et læringsverktøy. Det betyr at boken kun vil hjelpe deg om du selv også ønsker å oppleve det den beskriver. Uten dette ønsket vil ikke boken være til hjelp og du vil ikke forstå den.*
>
> *Husk dette: Korrekt forståelse av kabbalistiske tekster avhenger av hvilken intensjon du har mens du leser bøkene, årsaken til at du åpnet dem, og ikke styrken av ditt intellekt. Kun dersom du ønsker å endre deg til de altruistiske egenskapene som teksten beskriver, vil den påvirke deg.*

Når vi snakket om den første begrensingen, sa vi at *Zohar* kun forklarer ut i fra perspektivene til materien og materiens form. *Zohar* forklarer også at materien er ønsket om å få, og at materiens form er intensjonen som ønsket om å få faktisk mottar på bakgrunn av, for meg selv eller andre. Kort sagt kan vi si at materie er det samme som ønsket om å få, mens formen er intensjonen.

Formen til ønsket om å gi blir i seg selv kalt *virkelighetsnivået Atzilut.* Å gi i sin abstrakte form er egenskapen til skaperen, og den er helt uavhengig av skapningen, som er mottaker av natur. Skapningene (menneskene) *kan* kle ønsket sitt om å få inn i formen av det å gi, slik at det *ligner* på det å gi. Vi kan med andre ord motta, og samtidig være givere.

Det er to årsaker til at det ikke er så lett for oss å gi:

1. For å kunne gi må det være noen som ønsker å ta imot. Utenom oss (sjelene), finnes kun skaperen. Han har ingen behov for å få siden hans natur er å gi. Det å gi er derfor ikke en aktuell mulighet for oss.
2. Vi har egentlig ikke et ønske om det, og vi kan ikke gi siden vi er bygget opp av et ønske om å få. Å motta er vår indre kjerne, vår materie.

Den siste årsaken er faktisk mer kompleks enn den ved første øyekast ser ut til. Når kabbalister skriver at alt vi ønsker er å motta, betyr ikke dette at alt vi *gjør* er å ta imot, men heller at dette er den grunnleggende motivasjonen bak alt vi gjør. De uttrykker det veldig enkelt: Om det ikke gir oss nytelse, kan vi ikke utføre det. Det handler ikke bare om at vi ikke ønsker det, men vi klarer det bokstavlig talt ikke. Derfor skapte skaperen (naturen) oss kun med et ønske om å få, siden han bare ønsker å gi. Vi trenger derfor ikke å endre våre handlinger i seg selv, men motivasjonen bak dem.

## OPPFATTELSE AV VIRKELIGHETEN

Man har brukt mange ord for å prøve å beskrive forståelse. Kabbalister kaller det høyeste nivået av forståelse for *oppnåelse*. Siden de studerer spirituelle virkeligheter, har de som mål å nå *spirituell oppnåelse*. Oppnåelse refererer til en så grunnleggende og inngående forståelse av virkeligheten rundt oss at ingen spørsmål forblir ubesvarte. Kabbalister skriver at ved slutten av menneskehetens utvikling, vil vi oppnå skaperen i en form som kalles *likhet i form*.

For å nå dette målet, definerer kabbalister nøyaktig hvilke deler av virkeligheten vi bør studere og hvilke vi bør unngå. For å bestemme disse to retningene, fulgte kabbalistene et veldig enkelt prinsipp: Om noe bidrar til en raskere og mer eksakt læreprosess, bør vi studere det. Om det derimot ikke gjør det, bør vi se bort fra det.

Kabbalister generelt, og boken *Zohar* spesielt, anbefaler oss å studere kun de delene som vi erfarer med absolutt sikkerhet. Når gjetting er involvert, bør vi ikke kaste bort tiden vår siden oppnåelsen vil være usikker.

De sier også at av de fire oppfattelseskategoriene – materie, materiens form, abstrakt form og essens – er det kun de to første vi kan forstå med sikkerhet. Med bakgrunn i dette omtaler

*Zohar* kun ønsker (materie) og hvordan vi kan bruke dem: for oss eller for skaperen.

Kabbalisten Yehuda Ashlag skriver: «Om leseren er uforsiktig og er usikker på hvor grensene går, vil man fort ta materien ut av sammenhengen. Man vil da umiddelbart bli forvirret». Dette kan skje om vi ikke begrenser våre studier til materie og materiens form.

Det er ingenting som heter «forbud» innen spiritualitet. Når kabbalister sier at noe er «forbudt», betyr det bare at det er umulig. De sier for eksempel at du ikke skal studere abstrakt form og essens, men dette betyr ikke at vi vil rammes av lynnedslag om vi likevel gjør det. Det betyr bare at disse kategoriene ikke er mulig å studere, selv om vi gjerne ønsker det.

Yehuda Ashlag brukte elektrisitet for å forklare hvorfor essens ikke er mulig å oppfatte. Han sier at vi kan bruke elektrisitet på mange ulike måter, blant annet for varme, avkjøling, musikk- og videoavspilling. Elektrisitet kan kles inn i mange former, men vi klarer likevel ikke å uttrykke essensen i elektrisitet i seg selv.

La oss bruke et annet eksempel for å forklare de fire kategoriene – materie, materiens form, abstrakt form og essens. Når vi sier at en viss person er sterk, refererer vi til en persons materie (kropp) og formen som kler inn hans materie (styrke).

Om vi tar bort formen av styrke (kroppen til personen) og studerer formen til styrken separat, det vil si ikke ikledd materie, vil dette være å observere den abstrakte formen av styrke. Den fjerde kategorien, essensen til personen i seg selv, er fullstendig uoppnåelig. Vi har simpelthen ingen følelser som kan «studere» essensen, og gjengi den i en form som vi kan oppfatte. Som en konsekvens av dette er ikke essensen noe vi ikke forstår akkurat nå, men vi vil faktisk *aldri* få vite det.

## FORVIRRINGSFELLEN

Hvorfor er det så viktig å kun fokusere på de to kategoriene, materie og materiens form? Problemet er at når man har med spiritualitet å gjøre, vet vi ikke helt når vi er forvirret. Derfor fortsetter vi gjerne i samme retning, og beveger oss lenger og lenger bort fra sannheten.

I den materielle verden er det slik at når jeg vet hva jeg ønsker meg, så kan jeg tydelig se om jeg får det eller ikke, eller i det minste om jeg er på rett vei mot å oppnå det. Slik er det ikke med spiritualitet. Det som i alle fall er sikkert, er at når jeg tar feil vil jeg ikke bare bli nektet adgang til det jeg ønsker. Jeg vil også miste mitt nåværende spirituelle nivå, lyset vil avta og jeg vil ikke klare å få meg selv på rett kjøl igjen uten hjelp av en veileder. Det er derfor det er så viktig å forstå de tre begrensingene, og å følge dem.

## EN IKKE-EKSISTERENDE VIRKELIGHET

Når vi nå forstår hva vi kan studere og ikke, kan vi se på hva vi egentlig oppfatter gjennom sansene våre. Kabbalister lar ikke noe være uprøvd. Yehuda Ashlag undersøkte hele virkeligheten slik at han kunne fortelle oss om den, og han skrev at vi ikke vet hva som eksisterer utenom oss selv. Vi har for eksempel ingen idé om hva som er utenfor ørene våre, og hva som får trommehinnene våre til å vibrere. Alt vi vet er hvordan vi selv reagerer på stimulansene fra utsiden.

Selv navnene som vi gir ulike fenomener er ikke knyttet til fenomenene i seg selv, men til våre reaksjoner på dem. Vi er sannsynligvis uvitende om mange ting som skjer i verden. De blir ikke fanget opp av våre sanser, da vi kun forholder oss til fenomener som vi kan oppfatte. Siden vi kun har mulighet til å studere våre egne reaksjoner på dem, er det forståelig at vi ikke kan oppfatte essensen av noe utenfor oss.

Denne oppfattelsesregelen gjelder ikke bare de spirituelle virkelighetene: Det er naturens lov. Ved å forholde oss til virkeligheten på denne måten, forstår vi umiddelbart at det vi ikke ser *egentlig* er det som eksisterer. Denne forståelsen er selve grunnlaget for å oppnå spirituell framgang.

Når vi observerer virkeligheten vår, begynner vi å oppdage ting som vi tidligere aldri har vært klar over. Vi tolker ting som skjer inni oss som om de skjer på utsiden, men vi kjenner ikke den faktiske kilden til handlingene vi opplever. Selv om vi *føler* at de skjer utenom oss, kan vi likevel aldri vite dette med sikkerhet.

For å kunne forholde oss til virkeligheten på den rette måten, må vi ikke lenger tenke at det vi oppfatter er det «virkelige» bildet. Alt vi erkjenner er hvordan hendelsene (formene) påvirker vår forståelse (vår materie). Det vi oppfatter er heller ikke det utvendige, objektive bildet, men vår egen reaksjon på det. Vi kan ikke en gang si om eller i hvor stor grad formene vi føler er tilknyttet de abstrakte formene vi knytter dem til. Det at vi ser på røde epler som røde, betyr med andre ord ikke at de faktisk er røde.

> *Om du spør fysikere, vil de kunne*
> *fortelle deg at det eneste sanne utsagnet*
> *du kan ha om et rødt eple, er at det ikke*

*er rødt. Om du husker hvordan Masach (filter) fungerer, vet du at det tar imot alt det kan få som det samtidig klarer å gi videre til skaperen mens det avviser resten.*

*Det samme gjelder for et objekt, der objektets farge blir bestemt ut i fra lysbølger som det belyste objektet ikke klarer å ta inn i seg. Vi ser ikke fargen på objektet i seg selv, men lyset som objektet avviser. Den faktiske fargen på objektet er lyset som den absorbe-rer, men siden den har tatt dette lyset opp i seg, kan det ikke nå øyet vårt og vi kan derfor ikke se det. Det er derfor eplets egentlige farge er alt annet enn rødt.*

Det er slik Ashlag i boken *Preface to The Book of Zohar* ser på vår mangelende oppfattelse av essensen. «Alle vet at det vi ikke kan føle eller kjenne, vil vi heller ikke kunne forestille oss. Derfor har heller ikke tanken noen som helst forståelse av hva essensen er».

Siden vi ikke kan føle noen essenser i det hele tatt, kan vi med andre ord heller ikke forstå dem. Det som likevel slår de fleste kabbalastudenter første gang de leser Ashlags introduk-sjon, er hvor lite vi faktisk vet om oss selv. Ashlag beskriver det slik: «Vi kjenner jo ikke en gang vår egen essens. Jeg føler og vet at jeg tar opp et visst rom i verden, at jeg er kompakt (solid), varm, at jeg tenker og andre slike bevis på handlingene til min essens. Om du derimot spør meg hva som er min egen essens... vil jeg ikke kunne vite hva jeg skal svare.»

## MÅLEMEKANISMEN

La oss se på vårt oppfattelsesproblem fra en annen og mer metodisk vinkel. Sansene våre er måleinstrumenter, og de måler alt de opplever. Når vi hører en lyd, bestemmer vi om den er høy eller lav, når vi ser et objekt, kan vi (vanligvis) si hvilken farge det har og når vi føler noe, vet vi umiddelbart om det er varmt eller kaldt, vått eller tørt.

Alle måleverktøyene opererer på samme måte: Tenk på en vekt der vi legger på et ett-kilos lodd. Den tradisjonelle veiemekanismen består av en fjær som strekker seg i henhold til vekten, og en målestokk som måler lengden. Når den stopper på et visst nivå, vil tallene på målestokken indikere vekten. Vi måler faktisk ikke vekten, men balansen mellom fjæren og vekten (figur 6).

Det er derfor kabbalisten Ashlag sier at vi ikke kan oppfatte abstrakt form, objektet i seg selv, siden vi ikke har noen som

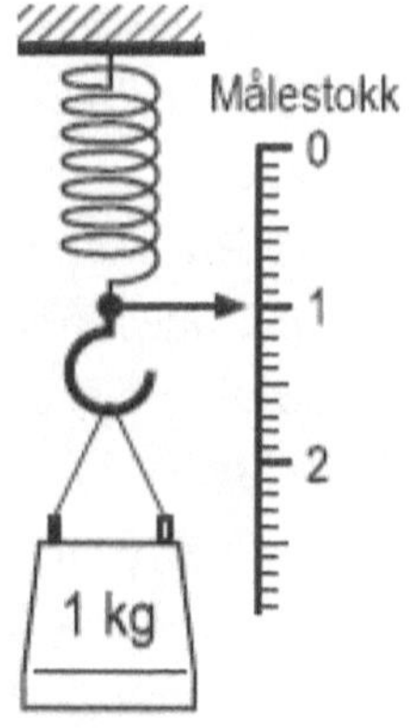


Figur 6: Skalaen måler spenningen i fjæren, og ikke vekten til objektet i seg selv.

helst tilknytning til den. Om vi kan bruke en fjær for å måle dens eksterne påvirkning, vil vi få visse resultater. Om vi derimot ikke kan måle hva som skjer på utsiden, er det som om ingenting skjer. I tillegg er det slik at om vi bruker en skadet fjær for å måle den eksterne stimulusen, vil vi få helt feil resultater. Det er det samme som skjer når vi blir gamle og følelsene våre avtar.

I spirituell terminologi presenterer verden på utsiden abstrakte former for oss, slik som vekt. Ved å bruke fjæren og målestokken – ønsket om å få og intensjonen om å gi – vil vi måle hvor mye av den abstrakte formen vi kan motta. Om vi kunne bygge en dimensjon som kan «måle» skaperen, ville vi kunne føle han akkurat på samme måte som vi føler denne verden. Det finnes faktisk en slik dimensjon, og den kalles *den sjette sansen*.

## DEN SJETTE SANSEN

La oss starte dette avsnittet med litt fri fantasi: Vi befinner oss i et tomt og mørkt rom. Vi kan ikke høre, lukte eller smake noe som helst, og det er heller ikke noe i nærheten som vi kan ta på. Tenk deg at du befinner deg i denne tilstanden over så lang tid at du glemmer at du noen gang hadde følelser som kunne føle slike ting. Til slutt ville du til og med ha glemt at slike følelser finnes.

Plutselig kjenner du en svakt lukt. Den blir sterkere og omslutter deg, men du kan ikke sette fingeren på hvor den kommer fra. Deretter dukker det opp flere og flere lukter, noen sterke, noen svake, noen søte og noen sure. Ved å bruke dem, kan du orientere deg rundt i dine omgivelser. Ulike lukter kommer fra ulike steder, og du klarer å bestemme retningen ved å følge dem.

Helt uten forvarsel, dukker det også opp lyder fra alle kanter. Lydene er ulike, du hører både musikk, ord og noe som du bare oppfatter som bråk. Lydene gir deg likevel tilleggsopplysninger som hjelper deg med å orientere deg i forhold til omgivelsene.

Nå kan du måle avstand og retninger, og du kan gjette på kildene til luktene og lydene du mottar. Det er ikke lenger bare et rom du befinner deg i, men tvert imot en hel verden av lyder og lukter.

Etter en stund oppdager du noe nytt, da det er noe som berører deg. Kort tid etter finner du flere ting du kan ta på. Noe er kaldt, noe er varmt, noe tørt eller fuktig, hardt eller mykt, og noe klarer du ikke helt å kjenne igjen. Du blir klar over at du kan putte noen av objektene som du berører i munnen, og at de har ulik smak.

Nå lever du i en verden som er full av lyder, lukter, følelser og smaker. Du kan berøre objektene i din verden, og studere omgivelsene dine.

Dette er verden til et menneske som er født blind. Ville du følt at noe manglet og at du trengte synssansen, om du var i deres sko? Sannsynligvis aldri, om du da ikke hadde hatt den tidligere.

Det samme gjelder for den sjette sansen. Vi husker ikke at vi hadde den før *Adam ha Rishons* sjel ble knust, selv om vi alle da var deler av den.

Den sjette sansen fungerer mye på samme måte som de fem naturlige sansene våre. Den eneste forskjellen er at den sjette sansen ikke er gitt fra naturens side, og at vi må utvikle den selv. Navnet *sjette sans* er litt misvisende, siden vi faktisk ikke utvikler en ny sans, men en *intensjon*.

Når vi utvikler denne intensjonen, studerer vi skaperens form –formen av å gi – som er motsatt av vår naturlige, egoistiske maskering. Det er derfor den sjette sansen ikke er gitt oss fra naturens side, siden den i utgangspunktet er motsatt av oss.

Ved å utvikle denne intensjonen for hvert eneste ønske vi føler, blir vi bevisste på hvem vi er, hvem skaperen er og om vi ønsker å bli som han eller ikke. Om vi ser for oss to alternativer, kan vi gjøre et virkelig valg. Skaperen tvinger oss derfor ikke til å bli som han, altruistisk. Han viser oss hvem vi er og hvem han er, og gir oss dermed muligheten til å gjøre vårt eget frie valg. Med en gang vi har foretatt valget, blir vi de menneskene det var meningen at vi skulle bli: lik skaperen, eller eventuelt ikke.

Hvorfor kaller vi intensjonen om å gi for *den sjette sans?* Det er fordi vi ved å ha den samme intensjonen som skaperen, blir identiske med han. Da har vi ikke bare den samme intensjonen som han, men vi har også utviklet likhet i form med han, og ser og forstår ting vi ikke ville eller kunne fått oppleve om vi ikke hadde utviklet oss hit til dette nivået. Vi begynner nå å observere virkeligheten gjennom hans øyne.

## FINNES DET EN MÅTE, FANTES DET OGSÅ EN VILJE

I det første kapittelet sa vi at begrepene *Kli* (verktøy, beholder) og *Ohr* (lys) uten tvil er de viktigste innen læren om kabbala. Av disse to begrepene er det faktisk *Kli* som er det viktigste for oss selv å oppnå, mens *Ohr* er det egentlige målet vårt.

La oss se nærmere på et eksempel. I filmen *What the Bleep Do We Know!?* forklarer dr. Candace Pert at dersom en viss form ikke finnes inni meg fra før av, vil jeg heller ikke kunne klare å se den på utsiden. Som eksempel viser hun til en historie om indianerne som stod og så utover havet der Columbus kom seilende mot dem med hele sin armada. Hun sier at det er en utbredt tolkning at indianerne ikke kunne se skipene selv om de så direkte på dem.

Dr. Pert forklarer at indianerne ikke kunne se skipene på grunn av at de tidligere ikke hadde et bilde av et skip i hukommelsen sin. Kun shamanen, som var nysgjerrig på de rare krusingene på sjøen som tilsynelatende kom ingensteds fra, oppdaget skipene da han prøvde å se for seg hva som var årsaken til bølgene. Da han oppdaget skipene, fortalte han dette til stammen sin og beskrev hva han så, og dermed klarte også de å se skipene.

Sagt på en kabbalistisk måte: Vi trenger et indre *Kli* for å oppdage et objekt på utsiden. Faktum er at *Kelim* (flertall for *Kli*) ikke bare oppdager den ytre virkeligheten, men de skaper den også! Columbus sin armada eksisterte kun i sinnet, de indre *Kelim*, til indianerne som så dem og registrerte det.

> *Om et tre faller i skogen, og ingen er*
> *der for å høre det falle, vil det likevel*
> *lage lyd?*
>
> *Dette berømte Zen koan (en spesiell*
> *form for Zen (krusning) kan også*
> *omtales i kabbalistisk terminologi: Om*
> *det ikke finnes et Kli som kan oppfatte*
> *lyden fra treet, hvordan kan vi da vite*
> *om det lager lyd i det hele tatt?*

På samme måte kan vi snu oppdagelsen til Columbus om til en *Zen koan*, og spørre oss selv: «Før Columbus oppdaget Amerika, fantes det likevel et Amerika?»

Det finnes ikke noe som heter verden utenfor. Det finnes ønsker, *Kelim*, som skaper den ytre verden i henhold til deres egen form. Utenfor oss er det kun abstrakt form, den vage og usynlige skaperen. Vi former vår verden gjennom å skape våre egne verktøy for forståelse, våre egne *Kelim*.

På grunn av dette vil det ikke nytte å be skaperen om å hjelpe oss ut av våre lidelser, eller be han endre verden rundt oss til det bedre. Verden er verken god eller dårlig, da den kun er et speilbilde av tilstanden til våre egne *Kelim*. Om vi korrigerer våre *Kelim* og gjør dem vakre, vil verden også bli vakker. *Tikkun* finnes inni oss, og det gjør også skaperen. Han er vår korrigerte form.

Nattuglen ser best i den nattemørke skogen, mens vi mennesker oppfatter samme situasjon som skremmende blindhet. Vår virkelighet er derfor ikke objektiv, men kun et speilbilde av våre indre *Kelim*. Det vi kaller «den virkelige verden» avspeiler kun et bilde av vår indre korreksjon eller korrupsjon, og vi lever i en innbilt verden.

For at vi skal klare å heve oss over denne fantasiverden til den reelle virkeligheten og forståelsen, må vi tilpasse oss de reelle modellene. Alt vi oppfatter vil til syvende og sist være i henhold til den indre forståelsen vår, og måten vi bygger disse modellene inni oss. Det finnes ikke noe å oppdage utenfor oss, eller noe å avsløre utenom det abstrakte, øvre lyset. Dette lyset styrer oss og avdekker nye bilder i oss, alt etter hvor klare vi er for dette.

Alt som gjenstår nå er å forstå hvor vi kan finne våre korrigerte *Kelim*. Eksisterer de allerede inni oss, eller må vi skape dem selv? Om det er slik at vi må bygge dem opp selv, hvordan gjør vi det? Dette vil bli temaet i de neste avsnittene.

## SKAPELSESTANKEN

*Kelim* er fundamentet som sjelen er bygget opp av. Ønskene er bygningsmaterialet, mursteinene og treverket, og intensjonene er verktøyene våre: skrutrekkere, driller og hammere.

Akkurat som når man bygger et hus, trenger vi en plantegning før vi kan starte arbeidet. Dessverre er skaperen, arkitekten bak plantegningen, forsiktig med å gi oss denne. Han ønsker heller at vi skal studere og iverksette sjelenes universelle plan uavhengig av han, for det er den eneste måten vi kan klare å forstå tanken hans på og dermed bli som han.

For å finne ut hvem han er, må vi følge nøye med på hva han gjør, slik at vi kan forstå han gjennom hans handlinger. Kabbalister sier det veldig tydelig: «Gjennom dine handlinger kjenner vi deg».

Våre ønsker, sjelens råmateriale, eksisterer allerede. Han har gitt oss disse ønskene for at vi skal lære oss å bruke dem på riktig måte, det vil si ved å opparbeide de rette intensjonene rundt dem. Først da vil sjelene våre bli korrigerte.

De rette intensjonene er som sagt altruistiske intensjoner. For at våre ønsker skal bli brukt til nytte for andre og ikke oss selv, må vi først ønske oss noe. Ved å gjøre dette, vil vi også dra nytte av det, siden vi alle er deler av *Adam ha Rishons* sjel. Om vi liker det eller ikke, vil det å skade andre alltid slå tilbake på oss selv, akkurat som en bumerang alltid kommer tilbake til den som kastet den og med samme kraft som den ble kastet.

La oss oppsummere litt: Et korrigert *Kli* er et ønske som blir brukt med altruistiske intensjoner. Det motsatte er et korrupt Kli, et ønske som blir brukt med egoistiske intensjoner. Ved å bruke et *Kli* på en altruistisk måte, benytter vi et ønske med samme intensjon som skaperen og likestiller oss med han, i det minste når det gjelder dette spesifikke ønsket. Det er slik vi studerer hans tanke.

Den eneste utfordringen er altså å endre intensjonene som vi bruker på ønskene våre. For å klare dette, må vi finne en alternativ metode å bruke ønskene våre på, og vi trenger et eksempel på hva som kan være andre intensjoner. På den måten vil vi i det minste kunne avgjøre om vi ønsker det eller ikke. Når vi ikke ser en alternativ måte å bruke ønskene våre på, er vi fanget i den metoden vi allerede benytter oss av. Hvordan skal vi da klare å finne andre intensjoner? Er dette en felle, eller har vi sovet i timen?

Kabbalister forklarer oss at vi ikke har gått glipp av noe. Dette er faktisk en felle, men det er mulig å slippe fri fra den. Om vi lar oss lede av våre *Reshimot*, så vil et eksempel på en annen intensjon dukke opp av seg selv. La oss nå se hva *Reshimot* er, og hvordan de kan hjelpe oss ut av fellen.


## *RESHIMOT* – TILBAKE TIL FRAMTIDEN

Enkelt sagt kan vi si at *Reshimot* er minner og opptak fra tidligere tilstander. Hvert *Reshimo* (entall av *Reshimot*) som sjelen møter langs den spirituelle veien, er samlet i en spesiell «databank».

Når vi ønsker å klatre oppover den spirituelle stigen, vil veien bestå av disse *Reshimot* som blir vekket til live igjen. De kommer til overflaten ett etter ett, og jo fortere vi opplever hvert *Reshimo* om igjen, jo fortere bruker vi det opp og flytter oss deretter videre til det neste på listen. Neste *Reshimot* vil alltid befinne seg høyere oppe på stigen.

Vi kan ikke endre rekkefølgen på våre *Reshimot*, siden de allerede er blitt fastsatt på vår vei ned. Likevel både kan og skal vi bestemme hva vi vil gjøre med hvert *Reshimo*. Om vi er passive og kun venter på at de skal gå over, vil det ta lang tid før vi virkelig opplever dem, og innen den tid kan de skape mye lidelse. Det er derfor den passive tilnærmingsmåten blir kalt *smertens vei*.

På en annen side kan vi innta en aktiv tilnærmingsmåte ved å prøve å forholde oss til hvert *Reshimo* som «en ny dag med nye muligheter», og prøve å se hva skaperen forsøker å lære oss. Om vi husker på at denne verden er resultatet av det som skjer i de spirituelle virkelighetene, vil dette være nok for å øke tempoet på gjennomgangen av *Reshimot* betraktelig. Denne aktive tilnærmingen blir kalt *lysets vei*, siden vår innsats fører oss nærmere skaperen og lyset i stedet for til vår nåværende tilstand og den passive holdningen.

Det er ikke nødvendig at vi lykkes i vår innsats, da anstrengelsen i seg selv faktisk er nok. Gjennom å øke våre ønsker om å bli som skaperen (altruistisk), knytter vi oss til høyere og mer spirituelle tilstander.

Prosessen for å oppnå spirituell utvikling er svært lik måten barn lærer på: Det er først og fremst en imitasjonsprosess. Barn etterligner voksne selv om de ikke vet hva de gjør, og slik skaper barnas konstante etterligning et *ønske* i dem om å lære.

**OBS!** Det er ikke det de har lært som fører til utvikling: Hovedsaken er ganske enkelt at de *ønsker å lære*. Ønsket om å lære er nok for å vekke det neste *Reshimo* i dem, og dette er et ønske som de kjenner igjen.

La oss se på det fra en annen vinkel: I utgangspunktet var det ikke deres eget valg som gjorde at de ønsket å lære, men deres nåværende *Reshimo* som var oppbrukt. Dette gjorde at det neste *Reshimo* på listen «ønsket» å gjøre seg til kjenne. For at barnet derfor skulle oppdage det, måtte *Reshimo* vekke et ønske i barnet som ga det lyst til å bli kjent med det.

Det er akkurat slik de spirituelle *Reshimot* arbeider inni oss. Vi lærer egentlig ikke noe nytt i denne verden, og heller ikke i de spirituelle virkelighetene, siden vi kun klatrer tilbake til framtiden.

Om vi ønsker å være mer givende slik som skaperen, må vi konstant ha et kritisk blikk på oss selv og se om vi passer til beskrivelsen som vi anser som spirituell (altruistisk). På den måten vil vårt ønske om å bli mer altruistiske hjelpe oss til å utvikle en mer tydelig og detaljert forståelse av oss selv, og vi kan sammenligne oss med skaperen. Dersom vi ikke ønsker å være egoistiske, vil våre ønsker vekke våre *Reshimot*, og de vil vise oss hva det å være mer altruistisk betyr. Hver gang vi bestemmer oss for at vi ikke ønsker å bruke dette eller andre ønsker egoistisk, blir det *Reshimo* som ledet oss til denne tilstanden sett på som fullført, og det flytter seg til sides for å gi plass til det neste. Dette er den eneste korreksjonen vi er nødt til å gjøre. Kabbalisten

Yehuda Ashlag sier det på denne måten: «Gjennom virkelig å hate det onde (egoismen) blir det korrigert.»

Han forklarer også videre: «...om to mennesker forstår at de begge elsker og hater det samme, har de oppnådd et evig bånd til hverandre som vil bli stående fast som fjell. Siden skaperen elsker å gi, bør de som er lavere enn han også tilpasse seg dette ønsket. Skaperen liker ikke å være mottaker, siden han er fullkommen og ikke trenger noe som helst. Mennesket må derfor også hate det å ta imot for seg selv, og ta sterk avstand fra dette, for alle ødeleggelsene i verden skjer kun på grunn av ønsket om å få. Gjennom hatet korrigerer man det.»

Bare ved å ønske det klarer vi å vekke *Reshimot* med mer altruistiske ønsker. Disse eksisterer allerede inni oss fra den tiden da vi alle var knyttet sammen i sjelen til *Adam ha Rishon*. Disse *Reshimot* korrigerer oss, og gjør oss mer lik skaperen vår. Ønsket (*Kli*) er derfor både drivkraft for endring, som vi sa i første kapittel, og verktøy for korreksjon. Vi trenger slett ikke å undertrykke våre ønsker, bare lære oss hvordan vi på en produktiv måte kan jobbe med dem til det beste for oss selv og for alle andre.

## KORT SAGT

For å oppnå den rette forståelsen, må vi være klar over våre tre begrensinger:

1.  Det finnes fire oppfattelseskategorier, a) materie, b) materiens form, c) abstrakt form og d) essens. Mennesket klarer kun å oppfatte de to første.

2. All min forståelse skjer inni sjelen min. Sjelen er min verden, og verden utenfor meg er så abstrakt at jeg ikke en gang sikkert kan si om den eksisterer eller ikke.

3. Det jeg oppfatter er bare mitt, og jeg klarer ikke å gi det videre til andre. Jeg kan fortelle andre om min opplevelse, men når de selv opplever det, vil de gjerne gjøre sine egne erfaringer.

Når jeg oppfatter noe, måler jeg det og bestemmer hva det er i henhold til kvalitetene til måleverdiene som jeg har inni meg. Om mine verktøy er fulle av feil, så vil mine målinger også bli feil. Derfor er mitt verdensbilde skadet og ufullstendig.

I dag måler vi virkeligheten rundt oss med fem sanser, mens vi egentlig trenger seks sanser for å få riktige mål. Det er derfor vi ikke klarer å styre verden vår på en produktiv og oppløftende måte for alle.

Den sjette sansen er ikke en fysisk sans, men en intensjon som har sammenheng med hvordan vi bruker våre ønsker. Om vi bruker dem med en intensjon om å gi i stedet for å få, det vil si at vi bruker dem på en altruistisk måte i stedet for egoistisk, vil vi oppleve en helt ny verden. Det er derfor den nye intensjonen blir kalt *den sjette sansen.*

Ved å plassere en altruistisk intensjon over våre ønsker, blir de lik skaperens ønsker. Denne likheten kalles *likhet i form* med skaperen. Ved å inneha denne likheten, oppnår giveren den samme oppfattelsen og kunnskapen som skaperen har. Derfor er det kun mulig å virkelig vite hvordan man kan oppføre seg i verden via den sjette sansen (intensjonen om å gi).

Når et nytt ønske dukker opp i oss, er det egentlig ikke nytt. Det er et ønske som allerede har vært inni oss, og der minnet om dette er blitt lagret i en database i sjelene våre, *Reshimot*. Kjeden av *Reshimot* leder oss direkte til toppen på stigen, skapelsestanken, og jo raskere vi klatrer oppover, jo fortere og lettere oppnår vi det livet vi er ment for.

*Reshimot* kommer fra vårt ønske om å utvikle oss spirituelt, og de dukker opp ett etter ett i en hastighet som vi selv avgjør gjennom styrken på dette ønsket. Om vi prøver å lære av og forstå hvert *Reshimo*, bruker det seg selv opp fortere, og tilstanden der vi oppnår forståelse (som egentlig allerede finnes fra før) dukker opp igjen. Når vi forstår et *Reshimo*, vil det neste *Reshimo* på stigen komme frem, og slik vil det fortsette helt til alle *Reshimot* er undersøkte og realiserte. Da har vi nådd slutten på vår korreksjon.

Kapittel 6

# DEN (SMALE) VEIEN TIL FRIHET

Var du klar over at du allerede nå vet en hel del om kabbala? La oss bla litt tilbake, og ta en oppsummering. Du vet at kabbala oppstod i Mesopotamia (dagens Irak) for ca. fem tusen år siden, og at læren ble oppdaget da menneskene lette etter meningen med livene sine. Disse menneskene oppdaget at årsaken til at vi alle blir født, er for at vi skal kunne ta imot den uendelige nytelsen man oppnår ved å bli lik skaperen. Da de gjorde denne oppdagelsen, bygget de studiegrupper og begynte å spre budskapet.

De første kabbalistene fortalte oss at mennesket kun er bygget opp av ønsker om å ta imot nytelse. Disse ønskene delte de inn i nivåer: uorganiske, organiske, bevegelige, kommuniserende og spirituelle. Ønsket om å få er derfor veldig viktig, siden det er drivkraften bak alt vi gjør i denne verden. Vi søker med andre ord alltid situasjoner der vi kan oppleve nytelse, og jo mer nytelse vi får jo mer vil vi ha. Denne prosessen er bakgrunnen for at vi alltid utvikler og endrer oss.

Senere lærte vi at skaperverket ble til gjennom en prosess som gikk over fire faser, der roten (synonym med lyset og skaperen) skapte ønsket om å få. Ønsket om å få hadde deretter lyst til å gi, og bestemte seg derfor for å ta imot etter en metode som gjorde det om til en måte å gi på. Til slutt ønsket det å ta imot igjen, og denne gangen ønsket det å ta imot kunnskapen om hvordan man kan bli som skaperen, selve *giveren*.

Etter de fire fasene, ble ønsket om å få delt inn i fem virkelighetsnivåer og én sjel, kalt *Adam ha Rishon*. *Adam ha Rishon* ble knust, og materialiserte seg som mennesker i vår verden. Vi er alle med andre ord bare én sjel til sammen, og bundet til hverandre og gjensidig avhengige av hverandre akkurat som cellene i en kropp. Når ønsket om å få vokste, ble vi mer og mer selvsentrerte, og følte ikke lenger at vi var en helhet. Dette har ført til at vi i dag kun føler oss selv, og til tross for at vi forholder oss til andre så er det kun for å oppnå glede gjennom dem.

Denne egoistiske tilstanden blir kalt *Adam ha Rishons* knuste sjel, og som deler av denne sjelen er det vår oppgave å korrigere den. Vi er ikke nødt til å korrigere den, men vi må da være klar over at vi aldri kan føle virkelig nytelse i vår nåværende tilstand på grunn av loven om ønsket om å få: «Når jeg har det jeg ønsker meg, ønsker jeg det ikke lenger». Om vi forstår dette, begynner vi å se etter en utvei for å unngå denne egoistiske fellen.

Å lete etter frihet fra egoet fører til at *punktet i hjertet* dukker opp, og dette er et ønske om spiritualitet. Punktet i hjertet er som alle andre ønsker, og vil derfor øke og minke alt etter innflytelsen fra omgivelsene. Om vi ønsker å forsterke vårt ønske om spiritualitet, må vi bygge et miljø rundt oss som fremhever nettopp dette. Når vi nå er kommet til dette siste (og viktigste) kapittelet, vil vi ta for oss hva som må til for å oppnå et spirituelt støttende miljø på et personlig, sosialt og internasjonalt nivå.

# MØRKE FØR DAGEN GRYR

Vi vet alle at den mørkeste tiden av natten er like før morgenen gryr. Forfatterne bak boken *Zohar* sa det samme for nesten to tusen år siden: «Menneskehetens mørkeste time vil være rett før den spirituelle oppvåkningen». Helt siden Ari, som levde på 1600-tallet og er forfatteren bak *Livets tre*, har kabbalister skrevet at den tiden som *Zohar* refererer til ville komme på slutten av 1900-tallet. De kalte det *den siste generasjonen*.

De mente ikke med dette at vi alle ville komme til å forsvinne i en apokalyptisk og spektakulær begivenhet. I kabbala står generasjon for en spirituell tilstand, og *den siste generasjonen* er den siste og høyeste tilstanden vi kan oppnå. Kabbalister sa at den tiden vi nå lever i, begynnelsen på 2000-tallet, er tiden da vi virkelig vil se den spirituelle utviklingen.

Kabbalistene sa også at for at denne endringen skal skje, kan vi ikke fortsette å utvikle oss på samme måte som tidligere. De forteller oss at vi i dag er nødt til å ta et bevisst, fritt valg om vi ønsker å vokse.

Som ved enhver oppstart eller fødsel, er heller ikke begynnelsen på den siste generasjonen, generasjonen med frie valg, en helt enkel prosess. Inntil nylig har vi utviklet oss i våre lavere ønsker, fra uorganisk til kommuniserende, og dette har skjedd uten at vi har tatt hensyn til det spirituelle nivået. Nå kommer de spirituelle *Reshimot* (vi kan også kalle dem spirituelle gener) til overflaten hos millioner av mennesker, og krever å bli realisert i det virkelige livet.

Vi mangler en hensiktsmessig metode for å håndtere *Reshimot* når de først dukker opp i oss. De er som en helt ny teknologi som vi må lære å forholde oss til. I denne læreprosessen prøver vi å forstå nye *Reshimot* med de samme gamle tankene, siden de metodene alltid har hjulpet oss å oppnå våre *Reshimot* på lavere nivå. Disse metodene passer ikke for å håndtere nye *Reshimot*, og mislykkes derfor med å gjøre sin nytte og etterlater oss tomme og frustrerte.

Når disse *Reshimot* gjør seg gjeldende i et individ, øker frustrasjonen, og man blir deretter deprimert. Tilstanden vil vare helt til mennesket lærer seg hvordan de skal forholde seg til disse nye ønskene. Dette skjer vanligvis ved å ta i bruk læren om kabbala, som opprinnelig ble skapt for å hanskes med spirituelle *Reshimot*, slik vi beskrev i kapittel en.

Om vi derimot ikke klarer å finne løsningen, velger kanskje enkelte å utvikle arbeidsnarkomani eller andre avhengigheter av ulike slag, mens noen prøver å undertrykke problemet med de nye ønskene. Slik prøver de å unngå å forholde seg til denne smerten som ikke lar seg kurere.

På et personlig nivå er en slik tilstand veldig stressende, men problemet er likevel ikke alvorlig nok til at den sosiale strukturen blir ustabil. Når spirituelle *Reshimot* oppstår i mange millioner mennesker på omtrent samme tid, og spesielt om det skjer samtidig i mange land, har du derimot en global krise i hendene. En slik global krise trenger da en global løsning.

I dag er det helt tydelig at menneskeheten befinner seg i en global krise. I industriland brer depresjon om seg på en så omfattende måte at verden aldri tidligere har sett lignende. Verdens helseorganisasjon (WHO) slo i 2001 fast at «depresjon er den viktigste årsaken til uførhet i USA og på verdensbasis».

Et annet voksende problem i vårt moderne samfunn er den alarmerende utbredelsen av stoffmisbruk. Narkotiske stoffer ble jo brukt tidligere også, men da ble de først og fremst benyttet som medisin og ved ritualer. I dag blir de brukt av veldig unge mennesker på et mye tidligere nivå, først og fremst for å lindre det følelsesmessige tomrommet som mange av dem opplever. Siden omfanget av depresjon er økende, er også bruken av stoff og stoffrelaterte lovbrudd økende.

En annen faktor som er i endring, er familietilknytningen. Familieinstitusjonen pleide å være en fast klippe der stabilitet, ly og varme rådet, men slik er det ikke lenger. I henhold til Nasjonalt senter for helsestatistikk, er det slik at for hvert andre par som gifter seg, er det ett som skiller seg, og tallene er tilsvarende over hele den vestlige verden.

Det er ikke lenger slik at par må gjennomgå en stor krise eller personlighetsforandring for å bestemme seg for skilsmisse. I dag finner ikke en gang par i 50- og 60-årsalderen grunner til at de skal forbli sammen når barna har flyttet ut. Siden inntektene deres er sikret, er de ikke redd for å starte med blanke ark i en alder der det bare for få år siden var utenkelig å gjøre noe slikt. Vi har til og med funnet et passende navn på dette: «tomt rede»-syndromet. Poenget er at dette er mennesker som skiller seg med en gang barna deres har forlatt redet, siden det da ikke er noe som holder foreldrene samlet lenger.

Dette er det virkelige tomrommet: at det ikke finnes kjærlighet. Om vi nå husker på at vi ble skapt som egoister av en kraft som ønsket å gi, så har vi kanskje en sjanse. Vi vil i det minste vite hvor vi skal begynne å lete etter en løsning.

Krisen er ikke bare unik på den måten at den rammer universelt, men det er også slik at den rammer på mange ulike områder. Dette gjør den mye mer omfattende og vanskelig å håndtere. Krisen skjer innen hvert eneste område der mennesket er involvert: personlig, sosialt, internasjonalt, klimamessig og innen vitenskap og medisin. Inntil for noen få år siden var for eksempel *været* et behagelig tema å ta opp når man ikke hadde noe annet å snakke om. I dag kreves det at vi alle innehar klimakunnskap, siden aktuelle tema er klimaendringer, global oppvarming, stigende havnivå og begynnelsen på en ny orkansesong.

*Den store smelteprosessen* kalte Geoffrey Lean i *The Independent* tilstanden til planeten i en artikkel som ble publisert via avisens nettside i november 2005. Tittelen hans var som følger: «Den store smelteprosessen: Global krise vil bli konsekvensen dersom isbreen på Grønland smelter». Undertittelen var: «Nå sier forskere at den forsvinner mye fortere enn selv de hadde forventet».

Været er heller ikke den eneste krisen vi har i vente. I juniutgaven av Nature Magazine i 2006 ble det publisert en artikkel med informasjon fra resultater fra et forskningsprosjekt fra University of California. Den hevdet at San Andreas-forkastningen i California med stor sannsynlighet står overfor en «stor krise», og at denne kan inntreffe hvert øyeblikk. I henhold til Yuri Fialko fra Scripps Institution of Oceanography ved University of California er forkastningen «et seismisk risikoområde, og et forventet hovedområde for et nytt, stort jordskjelv.»

Om vi skulle overleve stormene, jordskjelvene og det stigende havnivået, vil vi selvsagt alltid ha bin Laden i nærheten for å minne oss om at livene våre fort kan bli mye kortere enn vi hadde tenkt.

Sist, men ikke minst, er det helseproblemer som får vår oppmerksomhet: AIDS, fugleinfluensa, kugalskap og de gamle traverne kreft, hjerte- og karsykdommer og sukkersyke. Vi har mange andre sykdommer på lager som vi også kunne ha ramset opp, men du har nok forstått poenget nå. Selv om disse helseproblemene ikke er nye, blir de nevnt her fordi de raskt sprer seg over hele jordkloden i disse dager.

Et gammelt kinesisk ordtak sier at når du ønsker å forbanne noen, skal du si: «Måtte du leve i interessante tider». Vår konklusjon blir imidlertid at dette definitivt er en interessant tid, men at den ikke er en forbannelse. Det er nettopp dette boken *Zohar* lovet oss: et mørke før dagen gryr. La oss nå se om det finnes en løsning.

## EN MODIG OG NY VERDEN GJENNOM FIRE TRINN

Det er kun fire trinn som skal til for å endre verden:

1. Å anerkjenne krisen
2. Å undersøke hvorfor den oppsto
3. Å bestemme seg for den beste løsningen
4. Å lage en plan for å løse krisen

## 1. Å ANERKJENNE KRISEN

Det finnes flere grunner til at mange av oss fremdeles ikke har forstått at det er en krise på gang. Regjeringer og internasjonale selskaper skulle vært de første til å håndtere dette problemet, men motstridende interesser hindrer dem i å samarbeide for å løse krisen på en effektiv måte. Dessuten er det mange som fremdeles ikke føler at krisen truer dem personlig, og derfor undertrykker man det nødvendige behovet for å løse problemet før det blir enda mer alvorlig.

Det største problemet er at vi ikke har noe minne om en så ustabil tilstand fra tidligere, og derfor er vi heller ikke i stand til å vurdere vår situasjon på en riktig måte. Katastrofer hendte jo tidligere også, men vår tid er unik på den måten at alle områder og hvert eneste aspekt av det menneskelige liv rammes, og effekten merkes umiddelbart over hele verden.

## 2. Å UNDERSØKE HVORFOR DEN OPPSTO

En krise oppstår når det er en konflikt mellom to elementer, og når det sterkeste elementet tvinger sitt styresett på det svakere leddet. Menneskets natur, egoisme, oppdager etter hvert hvor motsatte vi er til naturen og altruisme. Derfor er det i dag så mange mennesker som bekymrer seg og føler seg deprimerte, usikre og frustrerte.

Krisen skjer med andre ord ikke egentlig på utsiden. Selv om det absolutt ser ut til at den opptar fysisk plass, skjer det hele inni oss. Krisen er den store kampen mellom det gode (altruisme) og det onde (egoisme). Er det ikke trist at vi alle må spille onde roller i teaterstykket fra virkeligheten? Mist likevel ikke håpet, for dette er et teaterstykke med en lykkelig slutt.


## 3. Å BESTEMME SEG FOR DEN BESTE LØSNINGEN

Jo mer vi anerkjenner den underliggende årsaken til krisen, vår egoisme, jo mer vil vi forstå av hva som må endres i oss og i våre samfunn. Ved å gjøre dette vil vi klare å snu krisen, og føre samfunnet og økologien mot et positivt og konstruktivt resultat. Vi vil gå nærmere inn på slike endringer når vi kommer til den delen som angår valgfriheten vår.


## 4. Å LAGE EN PLAN FOR Å LØSE KRISEN

Så snart vi fullfører de tre første nivåene i planen, kan vi skissere den opp på et mer detaljert nivå. Selv den beste plan vil ikke lykkes uten en aktiv støtte fra ledende og internasjonalt anerkjente organisasjoner. Planen må derfor ta utgangspunkt i en internasjonal støtte fra forskere, tenkere, politikere, FN, media og sosiale organisasjoner.

Siden vi utvikler oss fra et behovsnivå til et annet, vil alt som skjer nå også skje for første gang på det spirituelle behovsnivået. Om vi husker på hvilket nivå vi befinner oss på, kan vi benytte kunnskapen til de som allerede har oppnådd spiritualitet på samme måte som vi bruker vår nåværende vitenskapelige kunnskap.

Kabbalister som allerede har oppnådd den spirituelle virkeligheten, roten til vår verden, ser hvilke *Reshimot* (spirituelle røtter) som forårsaker denne tilstanden. De kan veilede oss slik at vi kommer ut av de problemene vi står ovenfor med utgangspunkt i årsaken som befinner seg i den spirituelle verden. På den måten vil vi raskt løse krisen på en enkel måte, siden vi vil forstå hvorfor ting skjer og hva som må gjøres. Vi kan si det slik: Om du visste at det fantes mennesker som kunne forutse resultatene av morgendagens lottotrekning, ville du ikke gjerne hatt dem på din side når du bestemmer deg for hvilke tall du vil plassere innsatsen din på?

Dette er ingen magi, kun kunnskapen om spillereglene i den spirituelle verden. En kabbalist tenker ikke at vi befinner oss i en krise, men at vi kun er litt desorienterte og slik bare vil fortsette å spille på feil nummer. Når vi finner retningen vår, vil det å løse (den ikke-eksisterende) krisen bli så lett som bare det. Slik vil det også være å vinne i lotto. Det fine med kabbalistisk kunnskap er at den ikke har noen opphavsrettslig beskyttelse, for den tilhører alle.

# KJENN DINE BEGRENSINGER

## EN GAMMEL BØNN

> *Gi meg styrke, Gud, for å endre det jeg*
> *kan endre, ha mot til å akseptere hva*
> *jeg ikke kan endre og kunnskap til å*
> *skille mellom disse to.*

Et vanlig trekk hos alle mennesker er å se på seg selv som unike og uavhengige individer. Tenk på alle de århundrene der menneskene har kjempet mot hverandre, bare for å oppnå den begrensede friheten som vi har i dag.

Vi er likevel ikke de eneste som lider når friheten vår blir tatt fra oss. Ingen skapninger lar seg fange uten kamp, da det er et medfødt, naturlig trekk å kjempe mot enhver form for underleggelse. Selv om vi mener at alle skapninger fortjener å være fri, garanterer ikke dette at vi forstår hva det å være fri *virkelig* betyr, og om eller hvordan det er knyttet til prosessen med å korrigere menneskehetens egoisme.

Om vi åpent spør oss selv om meningen med frihet, er det sannsynlig at vi oppdager at veldig lite av våre nåværende tanker rundt temaet vil holde vann om vi begynner å grave videre i det. Før vi kan snakke om frihet, må vi vite hva det virkelig betyr å være fri.

For å se om vi forstår frihet, må vi gå inn i oss selv og se om vi i det hele tatt klarer å utføre en helt fri og frivillig handling. Siden vårt ønske om å få vokser konstant, er vi alltid presset til å finne bedre og mer lønnsomme måter å leve på. På grunn av at vi er begrenset innenfor dette kappløpet, har vi ingen valg på dette området.

Selv om ønsket vårt om å få er årsaken til alle disse problemene, finnes det kanskje en måte å kontrollere det på. Om vi finner en metode, kunne vi kanskje klart å kontrollere hele kappløpet også. Uten denne kontrollen, ser det derimot ut til at spillet vil være tapt før det i det hele tatt har begynt.

Om vi er taperne, hvem er da vinnerne? Hvem (eller hva) er det vi konkurrerer mot? Vi oppfører oss fortsatt som om handlingene våre er et resultat av våre valg, men er de virkelig det? Ville det ikke være bedre å bare gi opp å prøve å forandre livene våre, og heller følge med på lasset?

På den ene siden har vi nettopp sagt at naturen protesterer mot enhver form for undertrykking. På den andre siden viser ikke naturen oss hvilke handlinger som er frie, og hvor vi blir lurt av en usynlig dukkespiller som stadig trekker i trådene og får oss til å tro at vi er frie.

Om naturen arbeider i henhold til den universelle planen, kan det da være at disse spørsmålene og usikkerheten er en del av formelen? Kanskje det er flere grunner til at vi føler oss fortapte og forvirret? Ønsker dukkespilleren å fortelle oss noe gjennom denne forvirringen og mangelen på tro? Kanskje han prøver å si: «Tenk nøye gjennom hvilken retning du utvikler deg i, for om det er meg du leter etter, så ser du feil vei.»

De fleste vil si seg enige i påstanden om at vi er desorienterte. For å bestemme retningen vår, må vi likevel vite hvor vi skal starte letingen. Dette kan spare oss for år med forgjeves anstrengelse. Det første vi ønsker å finne ut av, er når vi kan foreta frie og uavhengige valg og når vi ikke kan det. Så snart vi forstår dette, vil vi vite hvor vi bør legge inn støtet.

## LIVETS SELETØY

Hele naturen følger kun én lov, *Loven om nytelse og smerte*. Om det eneste skapelsen ønsker å få er nytelse, så finnes det kun én regel for vår oppførsel: tiltrekning til nytelse og avvisning av smerte.

Menneskene er intet unntak fra denne regelen. Vi følger et innprogrammert mønster som fullt og helt styrer hver eneste bevegelse vi gjør: Vi ønsker å motta mest mulig og å jobbe så lite vi kan, og helst bør alt være gratis! Selv når vi ikke er klar over det, vil vi i alt vi gjør alltid prøve å velge nytelse og unngå smerte.

Selv når det ser ut som om vi ofrer oss selv, får vi i det øyeblikket mer glede av «ofringen» enn fra noe som helst annet alternativ vi kan tenke oss. Årsaken til at vi lurer oss selv til å tro at vi har altruistiske motiver, er at det å lure oss selv er mer behagelig enn å si sannheten. Anges Repplier sa en gang: «Det er få nakenheter som benektes mer enn den nakne sannheten».

I kapittel tre sa vi at det er fase to som gir, selv om den faktisk er motivert av det samme ønsket om å få som i fase en. Dette er utgangspunktet for hver eneste «altruistiske» handling som vi «gir» hverandre.

Vi ser her hvordan alt vi gjør følger en *kalkulasjon om profitt*. Jeg kalkulerer for eksempel prisen på et gode sammenlignet med den framtidige nytten jeg har av å inneha varen. Om jeg tror at nytelsen (eller mangelen på smerte) ved å ha en viss vare vil bli større enn prisen jeg må betale når jeg kjøper den, vil det lyse grønt på min mentale Wall Street-tavle og jeg vil fortelle min indre «megler»: «Kjøp! Kjøp! Kjøp!»

Vi kan endre våre prioriteringer, tillegge oss ulike verdier for godt og vondt, og til og med «trene» oss på å bli fryktløse. Vi kan også lage oss et mål som er så viktig i våre øyne at alt det vonde vi må gjennom på veien for å oppnå det, vil forsvinne.

Om jeg for eksempel ønsker den sosiale statusen og de høye lønningene som blir assosiert med det å være en berømt lege, vil jeg kjempe, svette og streve gjennom mange år med medisinstudier og i flere år med lite lønn i turnuspraksis, og håpe at dette senere vil lønne seg og føre til penger og berømmelse.

Noen ganger er kalkulasjonen om nåværende smerte for framtidig nytelse så naturlig at vi ikke en gang legger merke til at vi gjør denne vurderingen. Om jeg for eksempel ble forferdelig syk og oppdaget at kun en spesiell type operasjon kunne redde livet mitt, ville jeg gladelig gjennomgått operasjonen. Selv om operasjonen i seg selv kan være veldig ubehagelig og medføre risiko i seg selv, er det mindre skremmende enn sykdommen min. I noen tilfeller vil jeg til og med betale enorme summer for å gå gjennom slike prøvelser.

## Å ENDRE SAMFUNNET FOR Å ENDRE MEG SELV

Naturen «dømte» oss ikke bare til konstant flukt fra lidelse, og forfølgelse av nytelse. Den nektet oss også muligheten til å bestemme hvilken nytelse vi ønsker. Vi kan med andre ord ikke kontrollere hva vi ønsker, og disse ønskene dukker opp i oss uten forvarsel og uten å spørre oss om hva vi tenker om saken.

Naturen skapte ikke bare våre ønsker, men ga oss også en måte å kontrollere dem på. Om vi husker at vi alle er deler av den samme sjelen, *Adam ha Rishons* sjel, er det lett å se at vi kan kontrollere våre egne ønsker gjennom å påvirke hele sjelen, det vil si menneskeheten, eller i det minste deler av den.

La oss se på det på denne måten: Om én enkelt celle ønsker å gå til venstre, mens resten av kroppen ønsker å gå til høyre, så blir også den ene cellen nødt til å gå til høyre. Det eneste unntaket er om den hadde klart å overbevise hele kroppen, størstedelen av cellene, eller kroppens «regjering» om at det ville være bedre å gå til venstre i stedet.

Selv om vi ikke kan kontrollere våre egne ønsker, både kan og vil samfunnet gjøre dette. Siden vi kan styre vårt valg av samfunn, kan vi velge den type samfunn som vil påvirke oss på den måten vi tror er best. Vi kan derfor si at vi kan bruke sosial påvirkning til å kontrollere våre egne ønsker. Ved å kontrollere ønskene våre, kontrollerer vi også tankene og til slutt handlingene våre.

Boken *Zohar* forklarte viktigheten av omgivelsene allerede for to tusen år siden. Siden 1900-tallet, da det ble tydelig at vi er avhengige av hverandre for å overleve, har det å bruke omgivelsene på en effektiv måte vært essensielt for spirituell vekst. Kabbalisten Yehuda Ashlag gir tydelig melding om den overordnede viktigheten av samfunnet i mange av sine essayer, og om vi følger hans tankerekke vil vi forstå hvorfor.

Ashlag sier at vårt største ønske, uansett om man åpent innrømmer det eller ikke, er å bli likt av andre og vinne deres anerkjennelse. Det gir oss ikke bare en følelse av tillit, men bekrefter også den mest dyrebare eiendelen vi har – vårt ego. Uten samfunnets godkjenning føler vi at vår eksistens er glemt, og ingen ego takler avvisning. Det er derfor folk ofte gjør ekstreme handlinger bare for å vinne andres oppmerksomhet.

Siden vårt største ønske er å vinne samfunnets tillit, er vi nødt til å tilpasse (og tilegne) oss lovene i våre omgivelser. Disse lovene bestemmer ikke bare vår oppførsel, men styrer også vår holdning og tilnærming til alt vi tenker og gjør.

Denne situasjonen gjør det umulig for oss å foreta frie valg når det gjelder måten vi lever på, våre interesser, hvordan vi tilbringer vår fritid, hvilke klær vi går med og til og med måten vi spiser på. Selv om vi velger å kle oss på tvers av den siste moten eller uavhengig av den, er vi uansett (prøver i alle fall å være) likegyldig til en *viss sosial kode* som vi har valgt å ignorere. Om moten vi valgte å se bort i fra ikke hadde eksistert, ville vi heller ikke blitt nødt til å ignorere den og hadde sannsynligvis valgt en helt annerledes klesstil. Den eneste måten vi kan endre oss selv på, er derfor gjennom å endre de sosiale normene i vårt nærmiljø.

## FIRE FAKTORER

Om vi ikke er noe annet enn produkter av våre miljøer, og om det ikke er virkelig frihet i noe av det vi gjør, tenker og ønsker, kan vi da holdes ansvarlige for våre handlinger? Om vi ikke er ansvarlige for våre egne handlinger, hvem er det da?

For å besvare disse spørsmålene, må vi først forstå de fire faktorene som skaper oss, og hvordan vi kan jobbe med dem for å oppnå frihet i valgene våre. I henhold til kabbala er vi alle kontrollerte av fire faktorer:

1.  «Underlaget», som også blir kalt «første materie»
2.  Uforanderlige egenskaper i underlaget
3.  Egenskaper som endrer seg gjennom eksterne krefter
4.  Endringer i det eksterne miljøet

La oss nå se hva hver enkel faktor betyr for oss.

## 1. UNDERLAGET, DEN FØRSTE MATERIE

Vår uforanderlige essens blir kalt «underlaget». Jeg kan være glad, lei meg, tankefull, sint, alene eller sammen med andre. Uansett hvilket humør jeg er i eller hvilket miljø jeg befinner meg i, så vil aldri det grunnleggende *meg* endre seg.

For å forstå fire-fase-konseptet, la oss ta livsløpet til planter som eksempel. Se for deg et hvetekorn. Når et hvetekorn råtner, mister det helt sin form, men på tross av dette vil et nytt hveteaks vokse ut fra kornet, og ingenting annet. Det er fordi essensen ikke har forandret seg: Essensen i frøet forblir hvetekorn.

## 2. UFORANDERLIGE EGENSKAPER I UNDERLAGET

På samme måte som underlaget er uforanderlig og hveten alltid produserer ny hvete, er måten hvetekornet utvikler seg på også uforanderlig. Ett enkelt aks kan produsere mer enn ett nytt kornaks i en ny livssyklus, og kvantiteten og kvaliteten på de nye spirene kan endre seg, mens underlaget i seg selv, essensen til det tidligere hvetekornet, forblir uendret. Ingen annen plante kan derfor vokse ut av et hvetekorn, og alle hveteplanter vil alltid gjennomgå det samme vekstmønsteret fra det øyeblikket de springer ut og helt til tiden kommer da de råtner.

På samme måte vil alle menneskebarn vokse etter den samme vekstsekvensen. Det er derfor vi (mer eller mindre) vet når et barn bør begynne å utvikle enkelte egenskaper, og når det kan begynne å spise en viss type mat. Uten disse bestemte mønstrene, ville vi ikke vært i stand til å finne vekstkurven til menneskebarn, eller til noe som helst annet for den saks skyld.

## 3. EGENSKAPER SOM ENDRER SEG GJENNOM EKSTERNE KREFTER

Selv om frøet forblir samme type frø, vil dets utseende endre seg som et resultat av miljøets innflytelse slik som sol, jordsmonn, gjødsel, fuktighet og regn. Mens planten forblir et hvetekorn, kan dets «innpakning», egenskapene til hvetens essens, bli modifisert gjennom eksterne elementer.

På samme måte vil vårt humør endre seg i selskap med andre mennesker eller ulike situasjoner på tross av at vi selv (underlaget) forblir de samme. Noen ganger, når påvirkningen fra miljøet er forlenget, kan det ikke bare endre humøret vårt, men også karakteren vår. Det er ikke miljøet i seg selv som skaper nye trekk i oss, men det å være blant et visst folkeslag oppmuntrer visse aspekter i vår natur til å bli mer aktive enn de var tidligere.

## 4. ENDRINGER I DET EKSTERNE MILJØET

Miljøet som påvirker frøet er i seg selv påvirket av andre eksterne krefter, slik som klimaendringer, luftkvalitet og nærliggende planter. Det er derfor vi dyrker planter i drivhus og gjødsler jorden kunstig, og vi prøver alltid å skape det beste miljøet for plantene å vokse i.

I vårt menneskelige samfunn endrer vi konstant miljø: Vi søker blant annet nye produkter, velger regjeringer, går på alle mulige skoler og tilbringer tid med venner. For å kontrollere vår egen vekst, må vi derfor lære å kontrollere de menneskene vi tilbringer tid sammen med, og aller helst de menneskene vi ser opp til. Det er de menneskene som vil påvirke oss mest.

Om vi ønsker å bli korrigerte, altruistiske, trenger vi å vite hvilke sosiale endringer som vil gi korreksjon og gjennomføre dem fra ende til annen. Gjennom den siste faktoren, endringene i det eksterne miljøet, skaper vi vår essens, endrer egenskapene i underlaget vårt og bestemmer vår egen skjebne. Det er her vi har frihet til å velge.

## Å VELGE DET RIKTIGE MILJØET FOR KORREKSJON

Siden vi ikke kan bestemme egenskapene i underlaget vårt, kan vi bare påvirke livet og skjebnen vår ved å velge hvilket sosialt miljø vi vil ferdes i. Miljøet påvirker egenskapene i underlaget, og dermed kan vi avgjøre vår egen framtid ved å bygge opp våre miljøer på en måte som leder oss til målene vi ønsker å oppnå.

Med en gang jeg har valgt hvilken retning jeg ønsker å følge, og har bygget opp et miljø som kan lede meg, bruker jeg miljøet som et springbrett for å øke tempoet i min utvikling. Om jeg for eksempel ønsker penger, kan jeg menge meg med mennesker som har samme ønske, som snakker om penger og jobber hardt for å nå dette målet. Dette vil også inspirere meg til å jobbe hardt, og bygge hjernen min om til en fabrikk som kun tenker på hvordan den kan tjene penger.

Slanking kan være et annet eksempel. Om jeg er overvektig, og jeg ønsker å endre på dette, oppnår jeg de beste resultatene ved å menge meg med mennesker som tenker, snakker og oppmuntrer hverandre til å gå ned i vekt. Det er også mulig å gjøre mer enn å bygge opp et miljø med mennesker som fokuserer på det samme målet. Jeg kan forsterke innflytelsen fra miljøet med bøker, filmer og avisartikler. Alle midler som øker og støtter mitt ønske om å gå ned i vekt, vil påvirke i riktig retning.

## LIKE BARN LEKER BEST

> *I det første kapittelet snakket vi om prinsippet «likhet i form». Det samme prinsippet gjelder også her, men på et fysisk nivå. Like mennesker føler seg vel i hverandres selskap siden de har de samme ønskene og de samme tankene, og vi vet alle at fugler med samme fjærdrakt flokker seg sammen. Vi kan likevel snu prosessen for ved selv å velge vår flokk, kan vi bestemme hvilke «fugler» vi vil bli til slutt.*

Alt dreier seg om å befinne seg i det rette miljøet. AA, avrusingsklinikker, vektklubber og så videre bruker alle miljøet for å hjelpe folk som ikke klarer å hjelpe seg selv. Om vi bruker våre omgivelser på en riktig måte, kan vi oppnå ting som vi ikke en gang ville drømme om i våre villeste fantasier. Det beste er at det ikke føles som om vi må anstrenge oss i det hele tatt for å oppnå resultater.

Ønsket om spiritualitet er intet unntak. Om jeg ønsker spiritualitet og jeg prøver å øke mitt ønske for det, trenger jeg bare å ha de rette vennene, bøkene og filmene rundt meg. Menneskets natur vil ordne resten. Det er ingenting som kan hindre en gruppe mennesker som bestemmer seg for å bli som skaperen i å oppnå dette, ikke en gang skaperen selv. Kabbalister kaller det «Sønnene mine overvant meg.»

Hvorfor ser vi da ikke et stormløp av mennesker som ønsker spiritualitet? Det er fordi det finnes en liten hake ved det hele: *Du kan ikke føle spiritualitet før du allerede har oppnådd det.* Problemet er at uten å se eller føle målet, er det veldig vanskelig å virkelig ønske det, og vi har nettopp lært at det er svært problematisk å oppnå noe uten å ha et stort ønske om det.

Tenk på det slik: Alt vi ønsker oss i denne verden er et resultat av ekstern innflytelse. Om jeg liker pizza, er det fordi venner, foreldre, TV, noe eller noen har fortalt meg hvor godt det er. Skulle jeg ha et ønske om å bli advokat, er det fordi samfunnet har gitt meg inntrykk av at det å være advokat vil lønne seg.

I dagens samfunn, hvor kan jeg finne noe eller noen som forteller meg at det å være lik skaperen er fantastisk? Om et slikt ønske ikke eksisterer i samfunnet, hvordan dukket det da plutselig opp i meg? Dukket det opp sånn helt ut av det blå?

Nei, det er nok en annen forklaring: *Reshimot*, et minne om framtiden. I kapittel fire, sa vi at *Reshimot* er opptak, minner, som ble registrert inni oss når vi var høyere oppe på spiritualitetsstigen. Disse *Reshimot* ligger i vår underbevissthet, og kommer fram ett etter ett. Hvert eneste *Reshimo* vekker et nytt eller sterkere ønske fra tidligere tilstander.

Siden vi *alle* var på et høyere trinn på stigen tidligere, vil også *alle* føle det når ønsket om å gå tilbake til de spirituelle tilstandene dukker opp etter hvert som det er vår tur til å oppleve ønsker på det spirituelle nivået. Det er derfor *Reshimot* er minner av vår egen framtidige tilstand.

Spørsmålet blir da ikke: «Hvorfor har jeg et ønske for noe som miljøet ikke har introdusert meg for?», men heller «Så snart jeg har dette ønsket, hvordan kan jeg få best mulig effekt ut av det?» Svaret er enkelt: Man må behandle ønsket på samme måte som man vil behandle alt annet man ønsker å oppnå: tenk på det, snakk, les og syng om det. Gjør alt du kan for å gjøre det viktig, så vil din framgang øke proporsjonalt med denne innsatsen.

I Mishnah (*Pirkey Avot* 6:10) er det en inspirerende (og sann) historie om en vis mann som het Rabbi Yosi Ben Kisma, den største kabbalisten i sin tid. En dag kom det en rik kjøpmann fra en naboby til ham, og tilbød han å flytte dit for å åpne et studiesenter for byens kunnskapstørste innbyggere. Kjøpmannen forklarte at det ikke fantes vismenn i hans by, og at byen hadde behov for spirituelle lærere. Det er vel unødvendig å si at han også lovet Rabbi Yosi at alle hans personlige og utviklingsmessige behov skulle bli ivaretatt på en sjenerøs måte.

Til kjøpmannens store overraskelse avslo Rabbi Yosi tilbudet, og forklarte at han ikke under noen omstendigheter ville flytte til et sted der det ikke var andre vismenn. Den forferdete kjøpmannen prøvde å argumentere, og påpekte at Rabbi Yosi, som var den største vismannen av dem alle ikke ville ha behov for å lære fra andre vismenn.

«I tillegg», sa kjøpmannen, «ved å flytte til vår by og undervise våre innbyggere, vil du gjøre verden en stor spirituell tjeneste siden det allerede er så mange vismenn her mens vår by ikke har noen i det hele tatt. Dette vil være en betydelig medvirkning til spiritualitet for hele generasjonen. Vil den store Rabbi Yosi i det hele tatt vurdere mitt tilbud?»

Rabbi Yosi svarte resolutt: «Selv den klokeste av de kloke vil fort miste sin visdom når man oppholder seg med ukloke mennesker». Det var ikke det at Rabbi Yosi ikke å ønsket hjelpe kjøpmannens by, men han visste bare så altfor godt at uten et støttende miljø ville han ikke lykkes med opplæringen av studentene og i tillegg miste sitt eget spirituelle nivå.

## INGEN ANARKISTER

Det forrige delkapittelet kan føre til at du tror at kabbalister er anarkister som er villige til å bryte med samfunnets ro og orden for å bygge opp spirituelt orienterte samfunn. Dette er langt fra sannheten.

Yehuda Ashlag legger stor vekt på at mennesker er sosiale vesener, og enhver sosiolog og antropolog kan bekrefte det han sier. Vi har med andre ord ikke annet valg enn å bosette oss i samfunn, siden vi alle er deler av én felles sjel. Det er derfor helt klart at alle må tilpasse seg reglene for samfunnet de lever i, og bry seg om at det fungerer bra. Den eneste måten å oppnå dette på, er ved å følge reglene for det samfunnet vi lever i.

Ashlag sa også at i enhver situasjon som *ikke* er relatert til samfunnet, har ingen rett eller grunn til å undertrykke friheten til individene. Han går til og med så langt at han kaller de som gjør det for «kriminelle», og forklarer at når det kommer til ens spirituelle utvikling, så forplikter ikke naturen lenger individet å adlyde flertallets vilje. Heller tvert imot, spirituell vekst er et personlig ansvar som hver og en av oss må følge opp. Ved å gjøre dette, forbedrer vi ikke bare våre egne liv, men også livene til alle i hele verden.

Det er helt avgjørende at vi forstår skillet mellom forpliktelsene våre til samfunnet vi lever i og til vår personlige spirituelle vekst. Å vite hvor skillet går mellom disse to og hvordan man kan bidra til begge, vil befri oss fra mye forvirring og misforståelser om spiritualitet. Livets regler bør være enkle og greie: I hverdagen adlyder vi lovene, og i det spirituelle livet står vi fritt til å utvikle oss på egen hånd. Det viser seg at individuell frihet kun kan oppnås gjennom vårt valg om spirituell utvikling, og det må ikke andre blande seg inn i.

# EGOETS UUNNGÅELIGE DØD

*Den som har kjærlighet for frihet, har også kjærlighet for andre. Den som har kjærlighet for makt, har kun kjærlighet for seg selv.*
*~ William Hazlitt (1778 – 1830)*

La oss se litt på bakgrunnen for skapelsen igjen. Det eneste skaperen skapte i oss, var vårt ønske om å ta imot, vår egoisme. Dette er vår essens. Om vi lærer oss hvordan vi «deaktiverer» egoismen vår, vil vi bygge opp igjen vår tilknytning til skaperen, siden vi uten egoisme vil oppnå likhet i form med han og få oppleve de spirituelle virkelighetene igjen. Ved å deaktivere vår egoisme, begynner vi å klatre tilbake oppover den spirituelle stigen og korreksjonsprosessen starter opp.

Det er naturens ironiske humor at mennesker som gir etter for egoistiske nytelser, ikke blir lykkelige. Det finnes to årsaker til dette: 1) Egoisme er et paradoks, slik vi forklarte i første kapittel: Om du har det du ønsker deg, ønsker du det ikke lenger. 2) Et egoistisk ønske nyter ikke bare tilfredsstillelsen av egne innfall, men også tilfredsstillelse ved at andre er misfornøyde.

For å forstå den andre årsaken, må vi gå tilbake til utgangspunktet. Fase en av de fire grunnleggende fasene ønsker kun å motta nytelse. Fase to er litt mer sofistikert, og ønsker å motta nytelse ved å gi, fordi det å gi er skaperens tilstand. Om vår utvikling stoppet ved fase én, ville vi blitt fornøyd i det øyeblikket våre ønsker ble oppfylt og ikke brydd oss om hva andre hadde.

Fase to, ønsket om å gi, tvinger oss likevel til å legge merke til andre slik at vi kan gi til dem. Siden vårt grunnleggende ønske er å få, er alt vi ser når vi observerer andre mennesker at «de har alt som ikke jeg har». På grunn av fase to vil vi alltid sammenligne oss med andre, og på grunn av fase éns ønske om å få, ønsker vi konstant å heve oss over dem. Det er derfor vi alltid gleder oss over andres underskudd.

Dette er forresten også årsaken til at fattigdomsgrensen varierer fra land til land. I henhold til Websters ordbok er fattigdomsgrensen «et nivå av personlig eller familiær inntekt der man med en inntekt under denne er klassifisert som fattig i henhold til statens standarder».

Dersom alle rundt meg er like fattig som meg, vil jeg ikke føle meg fattig. Om alle rundt meg derimot var veldig velstående og jeg kun hadde middels inntekt, ville jeg føle meg som den fattigste personen på jord. Normene våre er med andre ord bestemt av kombinasjonen av fase én (hva vi ønsker å ha) og fase to (som er bestemt av hva andre har).

Vårt ønske om å gi, som skulle være garantien for at vår verden skulle bli en god plass å leve, er nettopp årsaken til alt det onde i verden. Dette er essensen i vår korrupsjon, så det å erstatte intensjonen om å få med en intensjon om å gi er alt vi trenger å korrigere.

## KUREN

Ingen ønsker eller karakterer er onde i seg selv: Det er måten vi bruker dem på som gjør dem onde. Tidligere kabbalister sa allerede i sin tid at: «Misunnelse, lyst og (jakten på) ære fører mennesket ut av denne verden», og med dette mente de ut av denne verden og over i den spirituelle verden.

Hvordan kan dette skje? Vi har allerede sett at misunnelse fører til konkurranselyst, og at konkurranselyst genererer framgang. Misunnelse fører også til mye større resultater enn teknologiske og andre verdslige produkter. I *Introduction to The Book of Zohar* skriver Ashlag at mennesker kan føle hverandre, og derfor kjenner mangler ved det som andre har. På grunn av dette blir de fulle av misunnelse og ønsker seg alt som andre har, og jo mer de har, jo mer tomme føler de seg. Til slutt ønsker de seg alt i hele verden.

Etter hvert vil misunnelse føre til at vi ikke slår oss til ro med annet enn skaperen selv. Her kommer derimot naturens humor og lurer oss igjen: Skaperen er et ønske om å gi, altruisme. Selv om vi egentlig ikke er klar over det, krever vi faktisk å bli

altruister gjennom å ønske å styre og bli skapere selv. Gjennom
misunnelse, egoets mest svikefulle og skadelige egenskap, leder
vår egoisme oss selv i døden, akkurat som kreft ødelegger sin
vertskropp slik at den selv også dør sammen med kroppen den
har ødelagt.

> *Kabbalister beskriver egoisme slik: Ego-*
> *isme er som en mann som har et sverd*
> *med en dråpe fortryllende deilig, men*
> *også dødelig, gift på tuppen. Mennesket*
> *vet at giften er dødelig, men klarer ikke*
> *å stanse seg selv. Han åpner munnen,*
> *fører tuppen av sverdet mot tungen og*
> *svelger.*

Igjen kan vi se viktigheten av å bygge opp det rette sosiale
miljøet rundt oss. Siden vi er tvunget til å bli sjalu, bør vi i det
minste være *konstruktivt* sjalu, det vil si sjalu over noe som vil
føre oss til korreksjon.

Et rettferdig og lykkelig samfunn kan ikke basere seg på
overvåkende eller «kanalisert» egoisme. Vi har prøvd å holde
igjen egoismen gjennom lover og regler, men dette vil kun vare
til situasjonen forverrer seg, slik vi så i Tyskland: Et demokratisk
land som kun var et demokrati fram til det gjennom demokra-
tiske valgprosesser valgte Adolf Hitler. Vi kan også prøve å kana-
lisere egoisme til fordel for samfunnet, men det har allerede blitt
forsøkt i Russland, og de mislyktes fullstendig.

Selv USA - frihetens, mulighetens og kapitalismens land -
mislykkes med å gjøre innbyggerne sine lykkelige. *New England
Journal of Medicine* har blant annet skrevet: «Hvert år lider mer
enn 46 millioner amerikanere i alderen 15-54 år av tilfeller av

depresjon». *Archives of General Psychiatry* annonserte at «bruken av antidepressive medikamenter for å behandle barn og ungdommer økte mer enn fem ganger fra 1993 til 2002» (*The New York Times*, 6. juni 2006).

Så lenge egoismen får styre, kan vi konkludere med at samfunnet alltid vil være urettferdig og skuffe sine medlemmer på den ene eller andre måten. Til slutt vil alle egoistiskbaserte samfunn bruke seg selv opp sammen med egoismen som skapte dem. Vi må bare få det til å skje så fort og lett som mulig, til alles fordel.

## FALSK FRIHET

*Baruch Ashlag, Yehuda Ashlags sønn, var en mektig kabbalist som noterte ned visdomsord som han hørte fra sin far i en notisbok. Denne notatboken ble senere publisert med tittelen Shamati (I heard). I en av sine notater skrev han at om vi ble skapt av en kraft fra oven, hvorfor er det da slik at vi ikke føler den? Hvorfor er den skjult? Om vi visste hva den ønsket av oss, ville vi ikke gjort feil og vi ville ikke gjennomgått alle lidelsene.*

*Så enkle og lykkelige liv vi ville hatt om skaperen hadde blitt avslørt! Vi ville ikke tvilt på hans eksistens, og vi ville alle kjent igjen hans veiledning når han forsøkte å få oss og hele verden på riktig spor. Vi ville visst årsaken og meningen med vår skapelse, sett hans reaksjoner på våre handlinger,*

*kommunisert med han og spurt om
hans råd før vi handlet. Hvor flott og
enkelt livet da ville blitt!*

*Ashlag ender sin tankerekke med den
uunngåelige konklusjonen: Vårt eneste
mål i livet må da bli å avsløre skaperen.*

Kabbalister forholder seg til det at vi ikke kan føle skaperen som *skaperens skjulte ansikt*. Denne hemmeligholdelsen skaper en illusjon om at vi har frihet til å velge mellom vår virkelighet og skaperens (spirituelle) virkelighet. Om vi kunne sett skaperen og følt fordelene med altruisme i praksis, ville vi uten tvil ha foretrukket hans virkelighet framfor vår egen, siden man der gir og får nytelse tilbake.

Siden vi *ikke* er i stand til å se skaperen, følger vi heller ikke hans regler og bryter dem derfor konstant. Selv om vi hadde kjent til skaperens regler, men ikke hadde klart å se hvilken smerte vi påførte oss selv ved å bryte dem, ville vi sannsynligvis fortsatt som før siden vi ville tenkt at det er mye morsommere å forbli egoister.

Tidligere i dette kapittelet, i delen «Livets seletøy», sa vi at hele naturen adlyder en eneste lov: loven om nytelse og smerte. Alt vi gjør, tenker og planlegger er med andre ord ment for enten å redusere smerten vår eller øke gleden vår. Vi har ingen frihet i dette. Siden vi ikke ser at vi blir styrt av disse kreftene, *tenker* vi at vi er frie.

For virkelig å være fri må vi likevel først frigjøre oss fra seletøyet til nytelses- og smerteloven. Siden våre egoer bestemmer hva vi opplever som nytelse og hva som er smerte, ser vi at for å være fri må vi først frigjøre oss fra egoene våre.

# BETINGELSER FOR FRITT VALG

Ekte frihet til å foreta valg er ironisk nok kun mulig om skaperen holdes skjult. Det er fordi at om et valg synes fordelaktig, så gir ikke vår egoisme oss annet valg enn å velge dette. Når så er tilfelle, selv om vi velger et alternativ som innebærer at vi gir, vil dette være å gi for å få noe tilbake, en egoistisk form for å gi. For at en handling skal være helt og holdent altruistisk og spirituell, må dens fordeler derfor holdes skjult for oss.

Om vi husker på at hele meningen med skapelsen er at vi til slutt skal bli frigjort fra egoismen, vil våre handlinger alltid bli ledet i rett retning, mot skaperen. Der vi har to valg, om vi ikke vet hvilket av dem som vil gi oss mest glede (eller minst smerte), har vi virkelig en mulighet til å foreta et fritt valg.

Dersom egoet ikke ser valget som fordelaktig, kan vi velge i henhold til et annet sett verdier. Vi kan for eksempel la være å spørre oss selv om hva som ville vært moro, men heller hva som ville gi mest til andre. Om det å gi er noe vi setter høyt, vil dette være enkelt å praktisere.

Vi kan enten være egoister eller altruister, tenke på oss selv eller på andre. Det finnes ikke annet valg. Valgfrihet er kun mulig når begge alternativer er klart synlige og like fristende (eller lite fristende). Dersom jeg bare kan se for meg ett alternativ, må jeg følge dette og har ikke mulighet til å foreta noe valg. For å kunne velge helt fritt, må jeg vurdere min egen og skaperens natur. Om jeg ikke vet hvilket valg som er mest fordelaktig, kan jeg virkelig ta et fritt valg og nøytralisere egoet mitt.

# Å TA I BRUK FRITT VALG

Det viktigste prinsippet i spirituelt arbeid er *tro over fornuft*. Før vi snakker om å ta i bruk fritt valg, må vi forklare den kabbalistiske meningen med *tro* og *fornuft*.

## TRO

I så godt som hver eneste religion og trosretning i verden, blir tro brukt som et virkemiddel for å kompensere for det vi ikke klart kan se eller oppfatte. Siden vi ikke kan se Gud, må vi med andre ord *tro* at han eksisterer. I slike tilfeller bruker vi tro for å kompensere for vår manglende mulighet til å se Gud. Dette blir kalt *blind tro*.

Tro blir ikke bare brukt som kompensasjon innen religion, men i praktisk talt alt vi gjør. Hvordan vet vi for eksempel at jorden er rund? Har vi selv flydd ut i verdensrommet for å kontrollere dette? Vi tror på forskerne som forteller oss at den er rund, siden vi tenker på forskere som troverdige mennesker som vi kan stole på når de sier at de har kontrollert at det stemmer. Vi tror på dem: Dette er tro, blind tro.

Der hvor vi ikke har mulighet til å undersøke selv, bruker vi tro for å fullføre de delene vi mangler av bildet. Det er likevel ikke solid informasjon, kun blind tro.

I kabbala betyr tro det helt motsatte av det vi akkurat har beskrevet. Tro i kabbala er en håndgripelig, levende, fullstendig, vedvarende og ugjendrivelig oppfattelse av skaperen og livets lover og regler. Den eneste måten vi kan oppnå tro på skaperen, er å bli akkurat lik han. Uten dette, hvordan kan vi uten et fnugg av tvil, vite nøyaktig hvem han er og om han i det hele tatt eksisterer?

# FORNUFT

Fornuft i henhold til Websters ordbok har tre betydninger: 1) Evnen til å forstå eller tenke i vanlige, rasjonelle retninger, 2) Riktig øvelse av hjernen, 3) Summen av intellektuelle evner.

Som synonymer gir Webster blant annet disse alternativene: intelligens, dømmekraft og logikk.

La oss lese noen visdomsord som kabbalisten Baruch Ashlag skrev i et brev til en student, der han forklarte skaperverkets «kommandokjede». Dette gir oss forklaringen på hvorfor vi er nødt til å heve oss *over* fornuften.

«Ønsket om å få ble skapt på grunn av at skaperens mening med skaperverket var at han skulle få lov til å gjøre godt for sine skapninger, og av den grunn må det være en beholder for å ta imot nytelse. Det er jo helt umulig å føle nytelse om det ikke er behov for den, siden man ikke føler nytelse uten at man også føler et behov.

Dette ønsket om å få er alt skaperen skapte i mennesket (Adam). Når vi sier at mennesket vil oppleve evig lykke, refererer vi til ønsket om å ta imot som går ut på at mennesket ønsker å få all den nytelsen som skaperen planla å gi det.

Ønsket om å få har blitt skjenket tjenere som skal betjene det, og gjennom dem vil vi få nytelse. Disse tjenerne er hender, føtter, syn, hørsel og så videre, og blir betraktet som menneskets tjenere. Ønsket om å få er med andre ord mesteren, og organene er tjenerne.

Det finnes selvsagt også en hovmester som er leder for herrens tjenere. Han ser til at de arbeider i henhold til hensikten, det å skape glede, siden dette er hva herren (ønsket om å få) lengter etter.

Om en av tjenerne er fraværende, vil nytelsen som er relatert til den tjeneren også være fraværende. En som for eksempel er døv, vil ikke få muligheten til å nyte musikk. En som ikke kan lukte, vil ikke få muligheten til å nyte lukten av parfyme.

Dersom hjernen mangler lederen til tjenerne, og vi sammenligner det med en formann som overvåker arbeiderne, vil hele forretningen kollapse og eieren vil lide store tap. Man kan ha en forretningsdrift med mange ansatte, men om man mangler en god leder, vil man kanskje tape i stedet for å profittere.

Selv uten formann (fornuft) vil sjefen (ønsket om å få) fremdeles eksistere. Om formannen skulle dø, vil sjefen likevel overleve da disse to ikke er knyttet sammen.»

Det ser ut til at om vi ønsker å overvinne ønsket om å få for å bli altruistiske, må vi først overvinne «lederen for arbeiderne», vår egen fornuft. Derfor betyr *tro over fornuft* at tro - å bli akkurat som skaperen – må være over (viktigere enn) fornuft – vår egen egoisme.

Måten å overkomme den på er todelt: På det personlige nivået er det en studiegruppe og en vennesirkel som vil hjelpe til med å skape et sosialt miljø gjennom å legge vekt på spirituelle verdier. På det kollektive nivået krever det at hele samfunnet lærer å sette pris på altruistiske verdier.

# KORT SAGT

Alt vi gjør i livet bestemmes av nytelses- og smerteprinsippet: Vi rømmer fra smerte, og jakter på glede. Jo mindre vi må jobbe for nytelsen, jo bedre.

Nytelses- og smerteprinsippet blir styrt av ønsket om å få, og ønsket om å få kontrollerer alt vi gjør, siden det er vår essens. Selv om vi tror at vi er frie skapninger, er vi i virkeligheten lenket fast av livets seletøy: nytelse og smerte, og disse tømmene blir styrt av vår egen egoisme.

Fire faktorer bestemmer hvem vi er: 1) underlaget, 2) uforanderlige egenskaper i underlaget, 3) egenskaper som endrer seg gjennom eksterne krefter og 4) endringer i det eksterne miljøet. Vi kan kun påvirke den siste faktoren, men den faktoren er også i stand til å påvirke alle de andre faktorene.

Den eneste måten vi kan velge hvem vi vil være, er derfor å fokusere på den siste faktoren og slik styre og endre vårt sosiale, eksterne miljø. Siden endringer i den siste faktoren påvirker alle andre faktorer, vil vi endre oss selv ved å endre den. Om vi ønsker å frigjøre oss fra egoismen, må vi endre det eksterne miljøet slik at det støtter altruisme, ikke egoisme.

Så snart vi har frigjort oss fra ønsket om å få, fra lenkene til egoismen, kan vi avansere spirituelt. For å gjøre det følger vi prinsippet med «tro over fornuft».

*Tro* i kabbala betyr full forståelse av skaperen. Vi kan oppnå tro ved å bli som han gjennom våre egenskaper, ønsker, intensjoner og tanker. Uttrykket *fornuft* relateres til hjernen vår, «formannen» til egoismen vår. For å heve oss over det, må vi gjøre verdien av å oppnå likhet med skaperen viktigere og mer verdifull for oss enn hvilken som helst egoistisk nytelse vi kan se for oss.

På det personlige nivået øker vi viktigheten av skaperen (altruisme) ved å benytte oss av bøker (eller andre medier), venner og en lærer som viser oss hvor viktig det er å være altruistisk. Når det gjelder det sosiale nivået, prøver vi å slå ring rundt mer altruistiske verdier i samfunnet.

Det som er avgjørende for å lykkes med endringer, er å *ikke* bare verdsette altruistiske verdier for å forbedre livene våre i denne verden. Det *må* bli gjort for å gjøre oss og våre samfunn lik naturen, den eneste virkelighetsloven – loven om altruisme.

Når vi befinner oss i slike omgivelser, som individer og som samfunn, vil våre verdier gradvis endres i henhold til de verdier som finnes i våre samfunn, og vår egoisme vil slik endres til altruisme på en naturlig, lett og behagelig måte.

## LES MER

For å hjelpe deg med å velge hvilken bok som passer best for deg, har vi delt inn bøkene i fem kategorier: bøker for nybegynnere, bøker for studenter på mellomnivå, bøker for viderekommende, generelle bøker og håndbøker. De tre første kategoriene er delt inn i nivåer i henhold til hvilket kunnskapsnivå leserne bør ha før de starter lesingen. Nybegynnerbøkene krever ingen forhåndskunnskaper, mens bøkene for studenter på mellomnivå passer best for de som har lest et par nybegynnerbøker først. Bøkene for de erfarne studentene anbefales for de som har lest en eller to bøker fra hver av de to foregående kategoriene. Den fjerde kategorien, generelle bøker, inneholder bøker som du alltid vil ha glede av, uansett om du er nybegynner eller allerede vet en hel del om kabbala.

Den femte kategorien, håndbøkene, inneholder oversettelser av autentiske kildematerialer fra tidligere kabbalister som Ari, Rav Yehuda Ashlag (Baal HaSulam) og hans sønn og etterfølger Rav Baruch Ashlag (Rabash). Tilleggsmateriale som ikke er blitt oversatt ennå, kan du finne via nettsiden www.kabbalah.info. Alt materiale på denne siden, inkludert e-versjon av publiserte bøker, kan lastes ned gratis.

# BØKER FOR NYBEGYNNERE

## KABBALAH FOR BEGINNERS

*Kabbalah for Beginners* er boken for alle som søker etter svar på livets essensielle spørsmål. Vi ønsker alle å vite hvorfor vi er her, hvorfor det finnes lidelse og hvordan vi kan gjøre livene våre bedre. Denne boken gir oss pålitelige svar på disse spørsmålene, og i tillegg tydelige forklaringer på kjernen i kabbala og kunnskapens praktiske realisering.

Første del tar for seg hvordan læren om kabbala ble oppdaget, og hvordan den har utviklet seg fram til den endelig er gjort tilgjengelig for alle i våre dager. Del to gir en innføring i kjernen i kabbala ved å bruke ti enkle figurer. Disse hjelper oss å forstå strukturen i de spirituelle virkelighetene, og hvordan de fungerer sammenlignet med vår virkelighet. Del tre avdekker kabbalistiske begreper som er ukjente for folk flest, mens del fire greier ut om praktiske verktøy du og jeg kan benytte oss av for å skape bedre og lykkeligere liv for oss og for våre barn.

## WONDEROUS WISDOM

Denne boken er et nybegynnerkurs i kabbala. Som alle de andre bøkene som blir presentert her, er også *Wonderous Wisdom* kun basert på den autentiske læren om kabbala som har gått i arv fra en kabbalistisk lærer til hans student gjennom tusener av år. Boken tilbyr en serie leksjoner som avdekker lærens egenskaper, og forklarer metoden som må benyttes for å oppnå den. Denne boken er en nødvendighet for enhver person som grubler på følgende spørsmål: «Hvem er jeg egentlig?» og «Hvorfor befinner jeg meg på denne planeten?»

## AWAKENING TO KABBALAH

*Awakening to Kabbalah* er en karateristisk, personlig og respektfull innføring i en gammel læretradisjon. I denne boken gir Rav Laitman en mer detaljert forklaring på den grunnleggende læren om kabbala, og hvordan du kan benytte deg av denne kunnskapen for å forstå ditt forhold til andre mennesker og til verden rundt deg.

Ved å bruke både et vitenskapelig og poetisk språk, oppklarer han de dypeste spirituelle og eksistensielle spørsmål. Denne utfordrende og unike veiledningen vil inspirere og styrke deg til å utvikle en bevissthet som går utover den virkeligheten som du opplever i dag og begrensingene du møter i ditt daglige liv. Slik vil du komme tettere på skaperen, og få et dypere innblikk i sjelen din.

# KABBALAH, SCIENCE AND THE MEANING OF LIFE

Vitenskapen forklarer mekanismene som gjør at liv er mulig, mens kabbala forklarer hvorfor liv eksisterer i det hele tatt. I *Kabbalah, Science and the Meaning of Life* kombinerer Rav Laitman vitenskap og spiritualitet i en gripende dialog som avdekker meningen med livet.

I tusener av år har kabbalister beskrevet verden som en helhet, som igjen er delt opp i separate skapninger. Dagens banebrytende kvantefysikk erklærer det samme: På det mest grunnleggende materienivået er alle bokstavelig talt én.

Vitenskapen beviser at virkeligheten er påvirket av den som observerer den, og kabbala gjør det samme. Kabbala kommer i tillegg med en litt dristigere «uttalelse»: Selv skaperen av virkeligheten er inni observatøren. Gud er med andre ord inni oss, og han eksisterer ingen andre steder. Når vi dør, vil også han dø med oss.

Disse banebrytende begrepene og mer til introduseres på en velformulert måte, slik at selv lesere som er lite kjent med både kabbala og vitenskap lett vil kunne forstå forklaringene. Dette er boken for deg som bare er litt nysgjerrig på hvorfor du eksisterer, hva som er meningen med livet og hva du kan gjøre for å få mer ut av det.

## SNU UTVIKLINGEN

Mange forskere er enige om at egoet er årsaken til den kritiske tilstanden som vår verden befinner seg i pr i dag. Laitmans banebrytende bok viser ikke bare at egoet er grunnlaget for all lidelse som har funnet sted gjennom hele den menneskelige historien, men vi lærer også hvordan vi kan snu vår ubehagelige situasjon om til nytelse.

Boken inneholder en tydelig analyse av den menneskelige sjelen og dens problemer, og gir et «veikart» over hva vi må gjøre for at vi skal bli lykkelige igjen. *Snu utviklingen* forklarer hvordan vi kan løfte oss til et nytt eksistensnivå på både et personlig, sosialt, nasjonalt og internasjonalt nivå.

# BØKER FOR STUDENTER PÅ MELLOMNIVÅ

## THE KABBALAH EXPERIENCE

Dybden i kunnskapen som avdekkes gjennom spørsmålene og svarene i denne boken, vil inspirere lesere til refleksjon og ettertanke. Dette er ikke en bok man skal lese fort gjennom, men heller en som må leses forsiktig og med ettertanke mens man tilegner seg en forståelse for svarene på spørsmålene som hver eneste kabbalastudent stiller seg på veien mot målet.

*The Kabbalah Experience* er en veiledning fra fortiden til framtiden, som tar for seg situasjoner som alle som studerer kabbala vil oppleve på et eller annet tidspunkt underveis. For de som verdsetter hvert eneste minutt i livet, gir denne boken et unikt innsyn i den tidløse læren om kabbala.

## THE PATH OF KABBALAH

Denne unike boken kombinerer nybegynnermateriale med begreper og utdypinger som er beregnet for mer viderekommende studenter. Om du allerede har lest en eller to av Laitmans bøker tidligere, vil du lett forstå denne boken.

*The Path of Kabbalah* berører grunnleggende begreper slik som oppfattelse av virkeligheten og frie valg, og gir også dypere og mer innførende forklaringer utover nybegynnerbøkene. Strukturen til virkelighetene blir for eksempel mer detaljert forklart enn i bøkene for nybegynnere. Boken beskriver også den spirituelle roten til verdslige rutiner, slik som den hebraiske kalenderen og jødiske helligdager.

# BØKER FOR VIDEREKOMMENDE

## THE SCIENCE OF KABBALAH

Kabbalist og forsker Rav Michael Laitman, PhD, laget denne boken for å introdusere leserne for det spesielle språket og terminologien som finnes i kabbala. Her avdekker Rav Laitman autentisk kabbala på en måte som både er rasjonell og veletablert. Leserne ledes gjennom en prosess der de gradvis oppnår en forståelse av den logiske oppbygningen av universet, og livet som eksisterer her.

*The Science of Kabbalah* er et nyskapende arbeid som det ikke finnes sidestykke til når det gjelder klarhet, dybde og tiltrekning for intellektet. Boken vil gi leserne mulighet til å nærme seg de mer tekniske arbeidene til Baal HaSulam (Rav Yehuda Ashlag), slik som *Talmud Eser Sefirot* og *Zohar*, og de vil dra nytte av de tilfredsstillende svarene på livets gåter som kun autentisk kabbala kan gi. Legg ut på en opplevelse fra side til side, og forbered deg på en utrolig reise til de øvre virkelighetene.

# INTRODUCTION TO THE BOOK OF ZOHAR

Dette verket, i tillegg til *The Science of Kabbalah*, er en nødvendig forberedelse for de som ønsker å forstå den skjulte meningen i *Zohar*. Ett av de mange nyttige temaene som blir gjennomgått i denne teksten, er en innføring i «språket til røttene og grenene». Uten dette språket vil historiene i *Zohar* oppleves mer som fortellinger og eventyr. *Introduction to the Book of Zohar* vil kunne gi leserne de nødvendige verktøyene for å forstå autentisk kabbala slik læren er ment å være fra starten av: et middel for å oppnå de øvre virkelighetene.

# ZOHAR

Boken *Zohar* (*The Book of Radiance*) er en tidløs kilde til kunnskap, og grunnlaget for all kabbalistisk litteratur. Helt fra dens opprinnelse for nesten to tusen år siden, har den vært den viktigste, og ofte eneste, kilden som er blitt brukt av kabbalister.

Gjennom århundrer var kabbala skjult for offentligheten, da menneskene ikke ble ansett som klare for å ta imot den. Vår generasjon er derimot utpekt av kabbalister som den første generasjonen som virkelig er klar for å forstå begrepene i *Zohar*. Nå kan vi derfor praktisere disse prinsippene i våre liv.

Språket i *Zohar* er unikt og metaforisk, beriker vår forståelse for virkeligheten og utvider vårt verdenssyn. Selv om teksten kun tar for seg ett tema, nemlig hvordan man forholder seg til skaperen, så blir det tatt opp fra ulike vinkler. Dette gir hver og en av oss muligheten til å finne den spesifikke setningen eller det ordet som vil føre oss til kjernen av denne dypsindige og tidløse læren.

# GENERELLE BØKER

## ATTAINING THE WORLDS BEYOND

Fra introduksjonen til *Attaining the Worlds Beyond*: «... Siden han ikke følte seg vel på dagen for jødisk nyttår i september 1991, sendte læreren min bud på meg og ba meg komme til hans sykeseng. Han ga meg notatboken sin med ordene: 'Ta denne, og lær av den'. Neste morgen døde han i armene mine, og etterlot meg og mange andre av sine disipler uten veiledning i denne verden.

Han brukte å si: 'Jeg vil lære deg å henvende deg til skaperen heller enn til meg, da han er den eneste kraften som finnes, den eneste som virkelig kan hjelpe deg og som venter på dine bønner om hjelp. Når du søker hjelp i din leting etter frihet fra slaveriet i denne virkeligheten, hjelp til å løfte deg over denne virkeligheten og til å finne ut av hva som er meningen med livet ditt, må du henvende deg til skaperen som gir deg alle disse tankene for å få deg til å snu deg mot han'.»

*Attaining the Worlds Beyond* inneholder denne notatboken, og andre inspirerende tekster i tillegg. Denne boken rekker ut en hånd til alle de som leter etter og ønsker å finne en logisk, pålitelig måte å forstå verdens fenomener på. Denne fascinerende introduksjonen til læren om kabbala vil opplyse sinnet, styrke hjertet og røre leserne dypt inn i sjelen.

## BASIC CONCEPTS IN KABBALAH

Dette er en bok som skal hjelpe leserne med å utvikle en *tilnærmingsmåte til begrepene* i kabbala, til spirituelle objekter og til spirituell terminologi. Ved å lese denne boken et par ganger, vil man utvikle interne observasjoner, følelser og tilnærmingsmåter som ikke fantes inni en fra før av. Disse nye observasjonene som man oppnår er som sensorer som «føler» det rommet som eksisterer omkring oss, og som er skjult for oss gjennom våre vanlige sanser.

Derfor er *Basic Concepts in Kabbalah* ment for å skape ettertanke når det gjelder spirituell terminologi. Med en gang vi har forstått disse termene, kan vi begynne å se, med vårt indre syn, den utilslørte spirituelle strukturen som omslutter oss, på samme måte som synsfeltet utvider seg når en tåke har lettet.

Denne boken er ikke ment som en faktabok, men heller som en bok for dem som ønsker å vekke de dypeste og mest forstandige følelsene man kan oppnå.


## TOGETHER FOREVER

På overflaten er *Together Forever* en barnebok, men som alle andre gode barnehistorier bryter også denne grenser for alder, kultur og oppdragelse.

I *Together Forever* forteller forfatteren oss at om vi er tålmodige og holder ut de prøvelsene vi møter langs vår livsvei, vil vi bli sterkere, modigere og klokere. I stedet for å bli svakere, lærer vi å skape vår egen magi og våre egne mirakler som ellers bare tryllekunstnere kan få til.

Læren om kabbala er fylt av fortryllende historier. I dette varme og følsomme eventyret, deler Michael Laitman noen av juvelene og fortryllelsene i den spirituelle virkeligheten med både barn og voksne. *Together Forever* er enda en gave fra denne tidløse visdomskilden som gjør livene våre rikere, lettere og mye mer givende.

# HÅNDBØKER

## SHAMATI

Rav Michael Laitmans ord om boken: «Blant alle tekstene og notatene som min lærer Rabbi Baruch Shalom HaLevi Ashlag (Rabash) benyttet seg av, var det en spesiell notatbok som han alltid bærte med seg. Denne notatboken inneholdt transkripsjoner av Rabashs samtaler med sin far, Rabbi Yehuda Leib HaLevi Ashlag (Baal HaSulam), forfatteren bak *Sulam* (Stigen) kommentar til boken *Zohar, The Study of the Ten Sefirot* (en kommentar til tekstene til kabbalisten Ari) og mange andre kabbalistiske verker.

Siden han ikke følte seg vel på dagen for jødisk nyttår i september 1991, sendte Rabash bud på meg og ba meg komme til hans sykeseng. Han ga meg en notatbok med et omslag som kun viste ett ord, *Shamati* (Jeg hørte). Da han ga meg notatboken, sa han: «Ta denne, og lær av den». Neste morgen døde læreren min i armene mine, og etterlot meg og mange andre av sine disipler uten veiledning i denne verden.

Bundet av Rabashs arv om å spre kunnskapen om kabbala, ga jeg ut notatboken akkurat slik som den var skrevet og beholdt dermed tekstenes omskapende kraft. Blant alle kabbalabøkene, skiller *Shamati* seg ut som et unikt og overbevisende verk.»

# OM BNEI BARUCH

## BNEI BARUCH

Bnei Baruch er en gruppe kabbalister i Israel som arbeider for å spre kunnskapen om kabbala over hele verden. Fagmaterialet baserer seg på autentiske kabbalatekster som har vært overført gjennom årtusener fra generasjon til generasjon, og finnes tilgjengelig på over tyve språk.

## HISTORIE OG OPPRINNELSE

I 1991 døde den store kabbalisten Rabbi Baruch Shalom HaLevi Ashlag (Rabash). I hans minne etablerte hans student Rav Michael Laitman (professor i ontologi og kunnskapsteori, doktorgrad i filosofi og kabbala, og mastergrad i medisinsk biokybernetikk) en studiegruppe for kabbalastudenter som han kalte *Bnei Baruch*. Han valgte navnet Bnei Baruch (Sønner av Baruch) for å minnes sin mentor, som han fulgte overalt de siste tolv årene av lærerens liv. Rav Laitman var Rabashs viktigste elev og personlige assistent, og er anerkjent som etterfølger av Rabashs og hans undervisningsmetodikk.

Rabbi Yehuda Leib HaLevi Ashlags (1884-1954) var den største kabbalisten på 1900-tallet, og Rabash var hans førstefødte sønn og etterfølger. Rabbi Ashlag er forfatteren bak den forståelige og høyt ansette boken *The Sulam Commentary* (*The Ladder Commentary*), som er en forklaring til boken *Zohar*. Han var den første som oppdaget metoden for å oppnå spiritualitet, og var også kjent under navnet Baal HaSulam (eieren av stigen).

Disse to spirituelle lederne la grunnlaget for undervisningsmetoden som Bnei Baruch baserer seg på.

## UNDERVISNINGSMETODEN

Den unike undervisningsmetoden som Baal HaSulam og hans sønn, Rabash, utviklet, læres bort og benyttes daglig ved Bnei Baruch. Denne metoden baserer seg på autentiske kabbalistiske kilder som boken *Zohar* av Rabbi Shimon Bar-Yochai, *The Tree of Life* av Den Hellige Ari og *The Study of the Ten Sefirot* av Baal HaSulam.

Selv om undervisningen baserer seg på autentiske kabbalistiske kilder, blir forklaringene gitt i enkle ordelag og man bruker en vitenskapelig og moderne tilnærmingsmåte til materialet. Utviklingen av denne metoden har gjort Bnei Baruch til en internasjonal og høyt respektert organisasjon, både i Israel og i store deler av verden.

Den unike kombinasjonen av en akademisk studiemetode og personlige erfaringer, gjør at studentenes perspektiv utvider seg og de blir belønnet med et nytt syn på virkeligheten de lever i. De som begir seg ut på den spirituelle veien, blir gitt de verktøyene de trenger slik at de kan granske seg selv og virkeligheten rundt dem.

## BUDSKAPET

Bnei Baruch er en multikulturell bevegelse som omfatter tusener av studenter over hele verden. Studentene velger selv sin egen personlige form og hvilket intensitetsnivå de vil legge seg på, i henhold til deres personlige muligheter og egenskaper. Hovedbudskapet som Bnei Baruch ønsker å formidle er universelt: samhold og kjærlighet mellom mennesker og nasjoner over hele verden.

I tusener av år har kabbalister forsøkt å lære menneskene at kjærlighet dem imellom må være grunnlaget for alle mellommenneskelige relasjoner. Denne kjærligheten var utbredt på den tiden da Abraham og Moses levde, og blant gruppen av kabbalister som de etablerte den gang. Om vi gir rom for disse eldgamle, men fremdeles like dagsaktuelle, verdiene, vil vi oppdage at vi innehar makten til å sette ulikheter til side og bygge opp et samhold oss imellom i stedet.

Læren om kabbala, som har vært skjult i flere tusen år, har ventet på at den tiden skulle komme da mennesket var nok utviklet slik at det ville klare å ta imot og sette dette budskapet ut i live. I disse dager dukker kunnskapen opp som en løsning på hvordan man kan føre ulike fraksjoner sammen, og vil hjelpe oss som enkeltindivider og som et helhetlig samfunn til å møte dagens utfordringer.

## AKTIVITETER

Bnei Baruch ble etablert på følgende grunnlag: «Bare gjennom ekspandering av kunnskapen om kabbala til hele menneskeheten, vil verden kunne reddes fra utryddelse» (Baal HaSulam).

Derfor tilbyr Bnei Baruch et bredt utvalg av materiale og aktiviteter for at mennesker skal kunne studere naturen og menneskets liv. Organisasjonen gir grundig veiledning og oppfølging av både nye og mer avanserte studenter.

## KABBALAH TODAY

*Kabbalah Today* er en månedlig gratisavis som blir produsert og distribuert av Bnei Baruch. Det er en upolitisk, ikke-kommersiell avis som er skrevet på en klar og tidsriktig måte. Hensikten er å spre grunnleggende informasjon som ligger gjemt i læren om kabbala, og på en tydelig og engasjerende måte treffe ulike lesere.

*Kabbalah Today* blir distribuert i alle store byer i USA, og i tillegg i Toronto i Canada, London i England og Sydney i Australia. Avisen trykkes på engelsk, hebraisk og russisk, og legges også ut på internett på www.kabtoday.com.

Avisen sendes også til abonnenter der kunden kun dekker kostnader til frakt.

## INTERNET

Bnei Baruchs nettside www.kab.info introduserer den autentiske vitenskapen om kabbala ved å bruke artikler, bøker og originale tekster. Dette er den mest utviklede kilden for materiale om autentisk kabbala som finnes på internett, og den inneholder et unikt og innholdsrikt bibliotek for lesere som ønsker å vite mer

om vitenskapen om kabbala. Nettsiden har også et eget medi-
earkiv, www.kabbalahmedia.info, som inneholder mer enn fem
tusen mediefiler, bøker som kan lastes ned og et bredt spekter av
tekster, videoer og lydopptak på mange ulike språk. Alt materia-
let er tilgjengelig gratis.

## KABBALA TV

Bnei Baruch har etablert et produksjonsselskap, ARI Films
(www.arifilms.tv), som spesialiserer seg på produksjon av
undervisningsprogrammer over hele verden og på mange ulike
språk.

I Israel har Bnei Baruch etablert en egen TV-kanal som har
sendinger via kabel og satellitt fra søndag til fredag. Alle sendin-
ger er gratis, og programmene er spesielt tilrettelagt for nybegyn-
nere og krever ingen forhåndskunnskaper om kabbala. Denne
tilpassede læringsformen er komplementert med programmer
som viser Rav Laitmans møter med kjente mennesker både fra
Israel og over hele verden.

I tillegg produserer ARI Films undervisningsserier og –
dokumentarer for DVD, og andre visuelle hjelpemiddel for læring.

## BØKER

Laitman skriver bøkene sine i en moderne og lett forståelig stil
med basis i Baal HaSulams hovedbegreper. Bøkene tjener som
en grunnleggende link mellom dagens studenter og de originale

tekstene. Alle bøkene til Rav Laitman er tilgjengelig for salg, men kan også lastes ned gratis. Rav Laitman har til nå skrevet tredve bøker, som er oversatt til ti språk.

## FORELESNINGER

Akkurat slik kabbalister har gjort gjennom århundrer, gir Rav Laitman daglige leksjoner i Bnei Baruch-senteret i Israel kl. 02.15 - 05.00 norsk tid. Leksjonene blir simultanoversatt til seks språk: engelsk, russisk, spansk, tysk, italiensk og tyrkisk. Det vil også snart bli sendinger med oversettelser til fransk, gresk, polsk og portugisisk. Disse leksjonene blir i god kabbalatradisjon kringkastet uten kostnad til tusenvis av studenter over hele verden.

## FINANSIERING

Bnei Baruch er en frivillig organisasjon som driver med undervisning og informasjon om læren om kabbala. For å opprettholde uavhengigheten og en riktig intensjon, mottar ikke Bnei Baruch sponsormidler eller andre tilskudd med tilknytning til myndighetene eller politiske organisasjoner.

Siden brorparten av aktiviteten blir gitt uten noen form for kompensasjon, er hovedkilden for driften av gruppeaktivitetene donasjoner og tiende som blir gitt av studenter på frivillig basis, og via salg av Laitmans bøker til produksjonspris.

# KONTAKTINFORMASJON

Bnei Baruch kan kontaktes via følgende kanaler:
1057 Steeles Avenue West, Suite 532
Toronto, ON, M2R 3X1
Canada
Bnei Baruch USA
2009 85th Street, #51
Brooklyn NY 11214
USA
E-mail: info@kabbalah.info
Web site: www.kabbalah.info